Gerd Frank

TOTMACHER

1

Gerd Frank

TOTMACHER 1

Der Vampir von Nürnberg
und andere unheimliche Kriminalfälle
deutscher Serienmörder

(1945–1977)

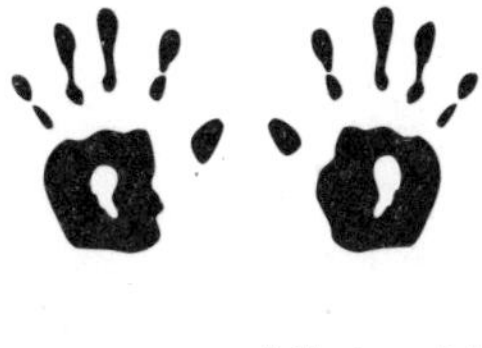

Mit einem Vorwort von Michael Kirchschlager

KIRCHSCHLAGER

Bereits erschienen:

Totmacher 2 – Massenmord ohne Leichen und andere unheimliche Kriminalfälle europäischer Serienmörder (1910–1987),
Arnstadt 2014

Totmacher 3 – Kolja der Menschenfresser und andere unheimliche Kriminalfälle russischer Serienmörder (1921–2012),
Arnstadt 2015

Totmacher 4 – Die Kobra von Henan und andere unheimliche Kriminalfälle asiatischer Serienmörder (1906–2012),
Arnstadt 2015

Totmacher 5 – Das Massaker am Cielo Drive und andere unheimliche Kriminalfälle US-amerikanischer Serienmörder (1894–1998),
Arnstadt 2015

Totmacher 6 – Das Monster der Anden und andere unheimliche Kriminalfälle lateinamerikanischer Serienmörder (1880–2014),
Arnstadt 2016

Inhaltsverzeichnis

Vorwort

Bücher über »Wahre Kriminalfälle« (True Crime) sind seit jeher beliebt und finden ein breites, wenngleich vornehmlich weibliches Lesepublikum. Der Verlag Kirchschlager hat sich auf Kriminalgeschichte und die Herausgabe sogenannter Pitavals (Sammlungen historischer Kriminal- und Strafrechtsfälle) spezialisiert. Mit *Totmacher 1*, dem mindestens zwei weitere Bände folgen werden, legen wir einen weiteren Band vor, in der Hoffnung, daß er bei den Leserinnen und Lesern eine freundliche Aufnahme findet.

Gerd Frank schildert in diesem Pitaval zwölf außergewöhnliche und unheimliche Mordfälle aus der Nachkriegszeit der Bundesrepublik Deutschland. In einem spannenden, klaren Stil führt er uns in Hinterhöfe, auf die Straße, in die Gosse, in die Abgründe der menschlichen Seele. Einige der beschriebenen Fälle dürften dem interessierten Publikum bereits bekannt sein, etwa der Fall des selbsternannten Totmachers Rudolf Pleil oder des Vampirs von Nürnberg, Kuno Hofmann. Andere Fälle sind in Vergessenheit geraten, wie zum Beispiel der des Würgers von Braunschweig, Ferenc Sos, der im Januar 1977 eine fünfköpfige Bankiersfamilie mit einer Paketschnur brutal erdrosselt hat und als Massenmörder zu definieren ist. Gleiches gilt für den bestialischen Frauenmörder von Osnabrück, Gerhard Dittrich, dessen mildes Urteil als Skandal angesehen wurde. Einen faden Nachgeschmack hinterläßt auch die Verurteilung der Mörder, auf deren Konto die sogenannten »Hamburger

Taximorde« kommen. Immer wieder wird die Leserschaft mit psychopathischen Serienmördern konfrontiert und muß erstarren, wie sogenannte »Gutachter« die Gefährlichkeit der Verbrecher einschätzen und oftmals unterschätzen.

Täteraussagen, Geständnisse und psychologische Gutachten lassen uns erschauern. Nicht immer sind es jedoch Waffennarren, Psychopathen oder Sadisten, die morden! Oft suchen wir nach einem klaren Motiv und finden es in der Geldgier!

»Das Geld übt eine unerhörte Macht aus. Jeder jagt hinter dem Gelde her. Das einzige Ziel jedes einzelnen ist das Vergnügen. In dieser wahnsinnigen Jagd nach Geld sind kleine Fälschungen und Diebstähle Zwischenfälle, die man nicht tragisch nimmt. Unsere Jungen und Mädchen lesen überall von hochangesehenen Männern, die die Gesetze verletzt haben und doch reiche und oft angesehene Persönlichkeiten wurden. So haben wir dem Verbrechertum zu einer Karriere verholfen, anstatt es als eine Schande zu brandmarken. Viele unserer Staatsmänner, viele unserer Polizeibeamten sind von der Korruption angesteckt. Wie können solche Männer die Helden und Führer unserer jüngeren Generation sein? ... In den Kinos können unsere Jungen und Mädchen die Spielhöllen studieren. Sie sehen die Überspanntheit, die Ausschweifungen der faulen Reichen und nehmen schließlich an, dieser Zustand und diese Verhältnisse seien der normale Verlauf des Lebens und der Gesellschaft. Geld und Autos sind notwendige Voraussetzungen, die man sich um jeden Preis verschaffen muß.« Die Worte von Andrews Bruce, des ehemaligen Präsidenten des amerikanischen Obergerichtshofes, erklären nicht nur das Motiv des Würgers von Braunschweig oder der meisten anderen in unserem Pitaval, nein, sie klingen erschreckend aktuell. Doch das Zitat entstammt keinem Buch der

Gegenwart, sondern ist dem ersten Band des großartigen Sittengemäldes vom Verbrecher von Robert Heymann entnommen und der stammt aus dem Jahre 1930!

Die Auswahl der hier behandelten Mordfälle reicht von 1945 bis 1977, ja eigentlich bis 2008. In diesem Jahr wurde der Vampir von Nürnberg aus der Haft entlassen (und begann mit der Niederschrift seiner »Memoiren«). Weitere gefährliche und untherapierbare Mörder werden folgen, unbegreiflicherweise. Abschließend muß man feststellen: unsere Gesellschaft trägt an vielen Verbrechen und Verbrechensarten ihren ureigensten Anteil. Das sollte uns zum Nachdenken anregen!

Michael Kirchschlager

DER FRAUENMÖRDER VON OSNABRÜCK

DER FALL GERHARD DITTRICH 1945–1946

»Die könntest du gebrauchen.«

Gerhard Dittrich wurde am 8. Januar 1923 in Schirgiswalde, Kreis Bautzen, geboren. Sein Vater, ein leicht erregbarer, rechthaberischer Charakter, war Landwirt und soll dem Alkohol eifrig zugesprochen haben. Seine arbeitsame, still veranlagte Mutter wurde bisweilen vom Vater geschlagen. Dittrichs drei ältere Geschwister waren verheiratet und lebten in normalen Ehen.

Der kleine Gerhard Dittrich besuchte zunächst die Dorfschule und scheiterte zweimal am Klassenziel. Nach der Schulentlassung half er in der väterlichen Landwirtschaft und wurde später Kraftfahrer. 1941 heiratete er als 18jähriger eine zwei Jahre ältere Frau, da diese von ihm ein Kind erwartete. Im gleichen Jahr meldete er sich freiwillig zum Militärdienst und kam so nach Frankreich und später nach dem Osten. Beim Zusammenbruch des Dritten Reiches geriet er 1945 bei Schwerin in amerikanische Gefangenschaft.

Sein Eheleben, welches er in späteren Vernehmungen als normal beschrieb, beschränkte sich nur auf Zeiten gelegentlichen Urlaubs. Beim Militär wurde Dittrich zweimal wegen geringfügiger Verstöße gegen die Disziplin mit kurzfristigen Arreststrafen belegt.

Schon im Alter von elf bis zwölf Jahren soll er angeblich durch einen Mitschüler zur Onanie verleitet worden sein und hieran Gefallen gefunden haben. Im Alter von 15 Jahren will er mit einem Mädchen aus einem Nachbarort das erste Mal intim zusammen gewesen sein. Seit dieser Zeit habe er stets Mädchenbekanntschaften mit solchem Ziel gesucht und gefunden, wobei er dick veranlagte Mädchen bevorzugte, mit denen er dann auf »eine übliche« Art und Weise verkehrte.

Als der damals 22jährige Dittrich Anfang Oktober 1945 das erstemal Osnabrücker Boden betrat, konnte niemand ahnen, was für ein unheimlicher Gast mit ihm in die Stadt kam. Aus englischer Gefangenschaft entlassen (er war von den Amerikanern den Engländern übergeben worden), unternahm er zunächst einen Versuch, zu seinen Angehörigen in Schirgiswalde zurückzukehren. Dieses Vorhaben gab er jedoch auf, als ihm an der Zonengrenze erzählt wurde, daß die Russen alle Heimkehrer einsperrten. Er entschloß sich daher, in den Westzonen die politische Entwicklung in der Ostzone abzuwarten.

Ohne festes Ziel kam er nach Osnabrück. Hier lernte er eines Tages die 36jährige Frau Böhmann kennen, deren Ehemann sich noch in Kriegsgefangenschaft befand. Sie erklärte sich bereit, ihn bei sich aufzunehmen. Froh darüber, ein Unterkommen gefunden zu haben, zog er zu ihr, ohne sich polizeilich anzumelden. Sehr bald trat er zu der Frau auch in intime Beziehungen. Dittrich half mit in der Wirtschaft, schaffte durch Hamstertouren Lebensmittel und durch laufende Kohlendiebstähle die Feuerung für den Haushalt heran, dem außerdem noch die zwei Kinder und die Mutter der Wirtin angehörten. Einer geregelten Beschäftigung ging er nicht nach, sondern führte nur sich bietende Gelegenheitsarbeiten aus.

Obwohl Frau Böhmann mit ihrer mittleren, vollschlanken Figur seinem »Typ« genau entsprach, genügte sie ihm auf die Dauer – wohl wegen ihres fortgeschrittenen Alters – nicht. Im Anschluß an diverse Tanzvergnügen pflegte er Geschlechtsverkehr auch mit anderen Frauen und Mädchen, suchte verschiedentlich Bordelle auf und onanierte weiterhin regelmäßig. Ohne Zweifel lebte in ihm ein außerordentlich starker Geschlechtstrieb, der ihm zum Verhängnis werden sollte.

Die Reihe seiner unheilvollen »Ausflüge« begann bereits Ende Oktober 1945, als er eines Tages mit dem Fahrrad seiner Wirtin nach Hörne fuhr, um Kohlen zu stehlen. Dort befand sich ein Verschiebegelände der Reichsbahn im Südwesten der Stadt Osnabrück. Auf dem Wege dorthin begegnete er einem Mädchen, das sich in Begleitung eines zwölfjährigen Schülers befand. Beide verfolgten gleichfalls die Absicht, sich Kohlen zu besorgen.

Dittrich sprach das Mädchen, es hieß Ilse, an und sagte ihr, daß es sich nicht lohne, zum Abstellbahnhof Hörne zu gehen, da dort die Polizei Aufstellung bezogen habe. Er schlug ihr vielmehr vor, mit ihm ins Sutthauser Gehölz zu fahren, wo man ungestört an Kohlenzüge herankommen könne. Der Schüler war etwas zurückgeblieben, da Dittrich und das Mädchen vorausgefahren waren.

Im Wald angekommen, stellten die beiden ihre Fahrräder ab. Seinen vorgefaßten Entschluß, das Mädchen eventuell mit Gewalt zur Duldung des Geschlechtsverkehrs zu bestimmen, glaubte Dittrich jetzt ungestört ausführen zu können. Ganz unvermutet umarmte er nun Ilse mit den Worten: *»Wenn Sie jetzt nicht wollen, Kohlen sind hier nicht.«* Das Mädchen schlug ihm ins Gesicht und riß sich los. Ihre lauten Hilferufe und zwei des Weges kommende Männer veranlaßten Dittrich, mit seinem Fahrrad schnell das Weite zu suchen.

Etwa eineinhalb Monate nach diesem Vorfall, am 14. Dezember 1945, begab sich Dittrich mit seinem Fahrrad auf Hamstertour. Unterwegs, und zwar in Rulle, kam er mit der ihm unbekannten Luise Hinrichs in ein Gespräch. Angeblich soll diese Frau ihn angesprochen haben, da er Militäruniform trug und sie erfahren wollte, woher er käme bzw. an welcher Front er gestanden hätte. Sie teilte ihm mit, daß sie Flüchtlingsfrau sei und keinen Mann mehr habe. Im Verlauf der Unterhaltung sei er mit ihr auch auf die Liebe zu sprechen gekommen und zwar in einem Augenblick, als beide einen Waldweg in der Nähe der Straße Rulle-Lechtingen benutzten.

Durch den Gesprächsstoff angeregt und weil die fesche Luise Hinrichs genau seinem »Idealtyp« entsprach, faßte Dittrich den Entschluß, mit ihr zu verkehren – eventuell auch unter Anwendung von Gewalt. Er versuchte zunächst,

Vertrauen durch Zärtlichkeiten zu gewinnen, indem er die Frau umarmte und küßte. Sie ließ sich tatsächlich beides gefallen. An einer abzweigenden Waldschneise stellte er dann sein Fahrrad an einen Baum und ging mit der Frau ein Stück die Schneise entlang bis zu einer kleinen Lichtung. Hier versuchte er, sie zum Geschlechtsverkehr zu bewegen.

Davon aber wollte Luise Hinrichs nichts wissen. Auf ihre unmißverständliche Ablehnung hin erfaßte Dittrich die Frau an der Kehle, um sie durch das Abdrücken der Luft gefügig zu machen. Er war entschlossen, unter allen Umständen an sein Ziel zu gelangen. Während des sich entspinnenden erbitterten Ringkampfes fiel die Frau zu Boden, die er nun so lange würgte, bis sie völlig erlahmt liegen blieb. Am Heben und Senken der Brust stellte er fest, daß sich noch Leben im Körper befand. Auf der Frau kniend, zog er in einem plötzlichen Entschluß sein Taschenmesser, das er stets bei sich trug, öffnete es und stieß ihr, *»um ganz sicher zu gehen«,* die wohlgezielte Klinge in die linke Halsseite, so daß sofort das Blut herausschoß.

Die noch röchelnde Frau schleifte er in ein etwa 30 m entferntes Tannendickicht, wo er den Geschlechtsakt vollzog. Als ihn hierbei die brechenden Augen des Opfers störten, bedeckte er Augen und Mund mit herumliegenden Tannennadeln. Noch bevor er zum Samenerguß kam, glaubte er, näherkommende Stimmen zu vernehmen. Er ließ, um der Gefahr einer Entdeckung aus dem Wege zu gehen, von der Toten ab, ordnete seine Kleidung und kehrte gegen halb zwei Uhr nachmittags nach Osnabrück zurück. Da er geschlechtlich noch außerordentlich erregt war, überredete er nun auch noch seine Wirtin zu ausgedehnten Liebesspielen.

Von einem Reisigsammler wurde die Leiche am 17. Dezember 1945 gefunden und die Mordkommission verständigt. Um einen möglichst vollständigen Einblick in die

Psyche des Dittrich zu vermitteln, ist Folgendes aus seiner Vernehmung zu diesem Fall erwähnenswert:

Er erklärte, daß ihn Luise Hinrichs von Anfang an irgendwie besonders erregt habe, was wohl auf ihren kräftigen Körperbau zurückzuführen gewesen sei, der gänzlich seinem Frauenideal entsprach. Eventuell sei aber auch die geschlechtliche Erregung eine Folge der Unterhaltung gewesen, welche die Liebe zum Gegenstand gehabt hatte. Daß Dittrich trotz seiner Erregung sein Opfer scharf beobachtet hatte, geht aus der Erklärung hervor, daß er genau gewußt habe, daß die Frau schon bewußtlos gewesen sei, als er ihr den Stich in den Hals versetzte, jedoch noch gelebt habe, da die Lunge noch atmete. Sofort nach dem Stich sei Blut aus der Wunde gequollen: *»Sehr viel war es eigentlich nicht.«*

Daß sich sein Opfer im sechsten Schwangerschaftsmonat befunden hatte, war Dittrich nicht bekannt.

Schon am 9. Januar 1946, einen Tag nach seinem 23. Geburtstag, beging er ein weiteres bestialisches Verbrechen, das wie kaum ein anderes seine Gefühlskälte und Herzlosigkeit offenbaren sollte. Das Opfer war diesmal ein hübsches, blondhaariges, nur zehnjähriges Mädchen.

Mit dem Fahrrad seiner Wirtin fuhr Dittrich am Morgen nach Georgsmarienhütte, Landkreis Osnabrück, um Lebensmittel zu hamstern. Auf dem Wege faßte er den Entschluß, *»eine Frau umzulegen.«*

Im sogenannten Wulfter Gehölz, in der Nähe des Gutes Wulften, nahm er Aufstellung und wartete auf eine sich bietende Gelegenheit. Zwei auf Fahrrädern vorüberfahrende junge Mädchen bat er, ihm zu helfen, einen Handwagen aus dem Wald zu ziehen. Diese hatten angeblich keine Zeit und fuhren weiter. Dittrich wartete auf eine neue Gelegenheit.

Etwa gegen 12.15 Uhr kam die zehnjährige Hannelore mit ihrem Wipproller vom Milchholen zurück. Unter dem

Vorwand, er sei allein nicht in der Lage, einen im Wald stehenden Handwagen auf die Straße zu ziehen, lockte er das Mädchen mit in den Wald hinein. Als sie etwa 100 m von der Straße entfernt im Walde waren, drückte Dittrich das Kind plötzlich zu Boden und würgte es am Hals, um es am Schreien zu hindern. Dem Mädchen gelang es, sich zu befreien und zu entfliehen, es wurde aber von Dittrich wieder eingeholt und so lange gewürgt, bis es bewußtlos und wie tot am Boden liegenblieb. Nun entkleidete der Sexualtäter das Kind, legte sich auf die Ohnmächtige und führte unter großen Schwierigkeiten den Geschlechtsakt bis zum Samenerguß aus.

Starke Blutungen des Mädchens ließen Dittrich keinen Zweifel daran, daß er die Geschlechtsteile des Kindes beim Verkehr schwer verletzt hatte. Ohne zu wissen, ob das Kind noch am Leben war oder nicht, entfernte er sich und überließ Hannelore ihrem Schicksal.

Hannelore hatte geradezu unglaubliches Glück, daß sie den brutalen Überfall überlebte. Bei der späteren Vernehmung erinnerte sich Dittrich genau, daß er durch seinen Gewaltakt starke Blutungen am Geschlechtsteil des Kindes verursacht hatte und gab die Möglichkeit zu, daß ihn gerade dieser Umstand besonders stark gereizt habe, da er auch beim Verkehr mit seiner Wirtin zur Zeit ihrer Regel einen besonderen Reiz empfand. Darüber befragt, ob er denn seine Tat nicht bedauere, beteuerte er, daß er sich wenige Tage nach dem Verbrechen Vorwürfe darüber gemacht und gehofft hätte, daß das Kind am Leben geblieben sei.

Am Morgen des 20. Februar 1946, gegen 7.30 Uhr, begab sich Dittrich wieder einmal mit seinem Fahrrad zum Abstellbahnhof, Block Hörne, um Kohlen zu stehlen. Vorher hatte er noch mit seiner Wirtin geschlafen. In Hörne angekommen, stellte er das Fahrrad an einer Böschung ab, bestieg einen in der Nähe stehenden Waggon eines abgestellten Kohlenzuges und füllte seine mitgebrachten zwei Säcke. Im Begriff, den zweiten Sack zu seinem Fahrrad zu bringen, bemerkte er eine junge Frau, die die Böschung heraufkam, um sich gleichfalls Kohle zu holen. Da auch sie (es handelte sich um die ledige Erna Timpe aus Osnabrück) genau seinem »Typ« entsprach, kam ihm sofort der Gedanke: *»Die könntest du gebrauchen.«* Wunsch und Wille führten dann zur unheilvollen Tat.

Nachdem er den vollen Sack zum Fahrrad geschafft hatte, eilte er Erna Timpe, die inzwischen unter einem haltenden Güterzug hindurchgekrochen war, nach und fragte sie, ob sie auch Kohlen holen wolle und ob er ihr hierbei behilflich sein könnte. Als jedoch seine Hilfe abgelehnt wurde, faßte er sie unvermittelt an Brust und Hals.

Ihre Hilferufe und eine überraschend starke Gegenwehr veranlaßten Dittrich, das Opfer fest am Halse zu fassen, zumal die Gefahr des Entdecktwerdens auf dem weiträumigen Bahngelände sehr groß war. Bei dem Kampf mit der kräftigen Frau muß diese, wie aus den erlittenen Kopfverletzungen geschlossen werden konnte, mit dem Kopf an einen Waggon geschlagen sein, wodurch sie benommen wurde und Dittrich die Oberhand über sie gewann. Als sein Opfer vor ihm am Boden lag, zog er kurz entschlossen wieder sein Taschenmesser, öffnete es und stieß die Klinge, in Erinnerung an seine erste Mordtat, in die linke Halsseite der Frau. Beim Herausziehen drückte er die Klinge seitlich, so daß eine besonders häßliche schnittförmige, klaffende Wunde entstand.

Da sich die Tat zwischen zwei haltenden Güterzügen abgespielt hatte, zog Dittrich sein Opfer sofort unter einen Güterwagen, weil er eine sich nähernde Frau gewahrte. Diese hatte die Hilferufe vernommen und fragte daher

Dittrich, ob etwas passiert sei. Mit unglaublicher Kaltblütigkeit antwortete der Mörder, der noch über dem leblosen Körper kauerte und ihn hierdurch den Augen der Zeugin entzog: »*Denkste, Polizei*!«, worauf diese, wie Dittrich richtig vermutet hatte, das Bahngelände eiligst verließ. Um möglichst schnell zum Ziel zu kommen, trug Dittrich die Tote nun über ein Gleispaar in ein nahegelegenes, unbenutztes Bahnwärterhaus.

In einem Raum legte er die Leiche auf den Rücken und schnitt ihr mit seinem Taschenmesser einen Teil der Kleidung auf, den Rest riß er ihr vom Körper. Er spreizte die Beine der Toten, um sich nun auf sie zu legen und den Geschlechtsverkehr auszuführen.

Nachdem er den Unterleib mit einem vorgefundenen alten Papiersack bedeckt hatte, verließ er den Raum und brachte seine Kleidung in einem Güterwagen in Ordnung. Anschließend fuhr er mit seinen Kohlesäcken nach Hause.

Auch in diesem Fall will Dittrich durch den geleisteten Widerstand geschlechtlich außerordentlich stark erregt worden sein. Das reichlich mit Blut besudelte Gesicht und der Oberkörper der Frau hätten ihn dagegen bei Ausübung des Geschlechtsaktes nicht beeindruckt.

Schon wenige Stunden nach dem Mord wurde die Leiche durch einen Streckenarbeiter der Reichsbahn entdeckt und die Polizei verständigt. Bei der auffallenden Gleichartigkeit der beiden Frauenmorde war es der Mordkommission von vornherein klar, daß es sich in beiden Fällen um den gleichen Täter handeln mußte. Sofort eingeleitete umfangreiche Fahndungsmaßnahmen, die von weiten Kreisen der außerordentlich stark beunruhigten Bevölkerung tatkräftig unterstützt wurden, wozu ohne Zweifel auch die ausgesetzte Belohnung von 1000 RM einen Teil beigetragen haben dürfte, führten am 4. März 1946 zur Festnahme Dittrichs.

Obwohl bekannt wurde, daß zur Zeit der Tatausführung mehrere vermeintliche Zeugen in der Nähe des Tatorts gewesen waren, gelang es anfänglich nicht, diese zu ermitteln. Der Grund hierfür lag darin, daß alle in Frage kommenden Personen ebenfalls zum Zwecke der »Kohlenbeschaffung« das Bahngelände aufgesucht hatten und mit einer eventuellen Strafverfolgung rechneten, wenn sie sich meldeten. Nur diesem Umstand war es zuzuschreiben, daß der Polizei verhältnismäßig spät eine einwandfreie Personenbeschreibung des vermutlichen Täters bekannt wurde und für die Fahndung nutzbar gemacht werden konnte. Durch ein entsprechendes Plakat wurde sie der breiten Öffentlichkeit zur Kenntnis gebracht.

Ein anfänglicher Tatverdacht gegen einen stark heruntergekommenen englischen Soldaten erwies sich ziemlich schnell als haltlos. Er wurde durch weitere Nachrichten aus der Öffentlichkeit, vor allem aber durch den Umstand entkräftet, daß die Zeugin, die Dittrich unter dem Waggon beobachtet hatte und dem verdächtigen englischen Soldaten früher schon einmal begegnet war, mit aller Bestimmtheit erklärte, daß der Mann unter dem Waggon keine englische Uniform getragen und ein einwandfreies Deutsch gesprochen hatte.

Am 27. Februar 1946, kurz vor acht Uhr morgens, beobachtete eine Zeugin von ihrer Küche aus, von der sie das Bahngelände überschauen konnte, auf einem Kohlenwaggon einen Mann, der eine Skimütze trug und dessen sonstige Erscheinung auf die ihr bekannte Täterbeschreibung paßte. Da ihr der unstete Gesichtsausdruck des Mannes nicht gefiel, begab sie sich, argwöhnisch geworden, auf die Straße, um dessen Rückkehr abzuwarten.

Der Mann mied jedoch den direkten Weg und kam auf einer Nebenstraße, die aber gleichfalls von der Zeugin beobachtet wurde, zurück. Er zog einen Schlitten, auf dem sich zwei gefüllte Kohlensäcke befanden. Um sich den Mann einmal genau anzusehen, ging sie auf ihn zu und fragte ihn, ob denn schöne Kohle da sei. Auf diese Frage erhielt sie jedoch keine Antwort und wurde dagegen von dem Mann nur entgeistert angesehen. Hierbei stellte sie deutlich fest, daß der Mann Kratzwunden im Gesicht hatte. Zwei Männer, denen sie von ihren Beobachtungen erzählte, nahmen nun die Verfolgung auf.

Dittrich, der dies bemerkt haben mußte, zog seinen Schlitten auf den Hof eines benachbarten Grundstückes und fragte einen Hausbewohner, ob er den Schlitten für kurze Zeit unterstellen könne, da die Polizei hinter ihm her sei. Anschließend schwang er sich über einen Gartenzaun und konnte so seinen Verfolgern entkommen. Der Besitzer des Schlittens ließ sich nicht ermitteln.

Der alten Erkenntnis folgend, daß es den Täter in sehr vielen Fällen wieder zum Tatort zurückzieht, wurde unter anderem auch das Gelände des Abstellbahnhofs laufend durch Kriminalbeamte überwacht. Bei dieser Tätigkeit wurde am 4. März 1946 dem diensttuenden Kriminalangestellten die Mitteilung gemacht, daß der vermutliche Täter in einem bestimmten Hause wohnen sollte. Ohne Verstärkung anzufordern, nahm der Polizist die Ermittlungen sofort auf, traf Dittrich in seiner Wohnung an und nahm ihn fest, weil die Täterbeschreibung genau auf ihn paßte. Der Mörder leistete erstaunlicherweise keinen Widerstand.

Eine eingehende Durchsuchung der Wohnung förderte die Bekleidung zutage, die der Täter am Mordtage getragen haben sollte. Auf einer Drillichjacke wurden große dunkle Flecken festgestellt, die, wie vermutet und durch die nachfolgende Untersuchung bestätigt wurde, von Menschenblut herrührten.

Unter dem Druck der Beweise gab Dittrich sein anfängliches hartnäckiges Leugnen bald auf und bequemte sich zu einem umfassenden Geständnis.

Daß Dittrich auch eines Einbruchdiebstahls, den er gemeinschaftlich mit einem Polen ausgeführt hatte, überführt werden konnte, sei in diesem Zusammenhang nur nebenbei erwähnt. In diesem Fall legten die beiden Verbrecher nach der Tat Feuer, um etwaige Spuren zu vernichten, obwohl es sich bei dem Tatort um ein Wohnhaus handelte. Da der Brand zeitig genug bemerkt wurde, fielen dem Feuer glücklicherweise nur einige Möbelstücke zum Opfer.

Bei seinen Vernehmungen zeigte Dittrich eine mittelmäßige Intelligenz, wenig Reue über seine Taten und keinerlei Mitleid. Auf der anderen Seite verfügte er aber über ein ziemliches Raffinement, wenn es um seine eigenen persönlichen Vorteile ging. So versuchte er beispielsweise, sich während der Untersuchungshaft als Ausländer, als Tscheche, auszugeben, und bezichtigte sich begangener Kriegsverbrechen. Hierdurch wollte er sich der deutschen Gerichtsbarkeit entziehen und das Verfahren vor ein Militärgericht bringen, in der Absicht, dort eine Untersuchungshaft mit besserer Kost – selbst wenn dies nur vorübergehend der Fall sein sollte – zu erhalten.

Mehrfache Eigentumsdelikte hatte sich Dittrich schon während seiner Schulzeit zuschulden kommen lassen, indem er sich widerrechtlich Geld aneignete, Pulte aufschloß und Wertgegenstände entwendete. Zur gleichen Zeit stand er im Verdacht, an Fahrraddiebstählen beteiligt gewesen zu sein.

Sein Strafregister wies keine einschlägigen Bestrafungen auf. Wenn es auch nicht leicht fiel anzunehmen, daß Dittrich, der sich während des Krieges in mehreren europäischen Ländern aufgehalten hatte, in Osnabrück die

Reihe seiner schweren Verbrechen begonnen haben sollte, so ließen sich trotz aller Bemühungen keine gegenteiligen Beweise erbringen.

In dem sehr umfangreichen ärztlichen Gutachten der Landesheil- und Pflegeanstalt Göttingen hieß es unter anderem: *»Der Beschuldigte ist weder geisteskrank, noch leidet er an einer krankhaften Störung der Geistestätigkeit. Er ist ebensowenig geistesschwach, wie zu Bewußtseinsstörungen neigend. Dittrich ist zwar ein gemütloser Psychopath, und bei dem Beschuldigten besteht auch eine deutliche Hypersexualität, d. h. die auf geschlechtliche Befriedigung drängenden Trieb- und Lustgefühle sind bei ihm in stärkerem Ausmaß, als es der Norm zu entsprechen pflegt, vorhanden, und Dittrich gibt auch in seiner rücksichtslosen, die selbstverständlichen Belange und Interessen seiner Mitmenschen nicht achtenden mitleidslosen Art seinen Wollustgefühlen nach. Aber diese Abnormitäten innerhalb seiner Persönlichkeit haben grundsätzlich keinen Krankheitswert und vermögen auch, wenn sie zur Entfaltung kommen, nicht so stark zu dominieren, dass sie unter Verdrängung der Überlegung, d. h. Ausschaltung des verstandesmäßigen Abwägens, zum allein bestimmenden Motiv der Tat werden.*

Von Affekthandlungen kann im vorliegenden Fall nicht gesprochen werden, da, wie ich oben ausgeführt habe, die Persönlichkeit des Beschuldigten erstens die hierfür unumgänglich notwendigen Voraussetzungen nicht in sich birgt und zweitens das klare Erinnerungsvermögen, das der Beschuldigte an die einzelnen Phasen der Tat hat, grundsätzlich dagegen spricht. In Ergänzung soll noch erwähnt werden, daß es sich nicht um Sexualdelikte handelt, durch deren Vorbereitung bzw. Ausführung der Beschuldigte seine Befriedigung fand. Der Beschuldigte hat auch nicht im sogenannten Sexualrausch gehandelt, denn diesem würde gleich der Affekthandlung das gestörte Bewußtsein und damit auch das eingeschränkte Erinnerungsvermögen zu eigen sein.«

Die Strafkammer Osnabrück verurteilte Gerhard Dittrich am 19. Dezember 1946 wegen Mordes in zwei Fällen in Tateinheit mit einem versuchten und einem vollendeten Notzuchtverbrechen, ferner in zwei weiteren selbständigen Fällen eines versuchten und eines vollendeten Notzuchtsverbrechens zweimal zum Tode und zu einer Gesamtzuchthausstrafe von fünf Jahren und sechs Monaten. Sicherungsverwahrung wurde angeordnet, die bürgerlichen Ehrenrechte auf Lebenszeit aberkannt.

Der Sexualverbrecher Dittrich hatte jedoch unglaubliches Glück. Durch Gnadenerweis des Niedersächsischen Ministerpräsidenten vom 17. März 1948, den man in weiten Teilen der Bevölkerung mit Unverständnis aufnahm, wurde die gegen ihn zweimal verhängte Todesstrafe und Gesamtzuchthausstrafe in eine lebenslängliche Zuchthausstrafe umgewandelt.

DER TOTMACHER VOM NIEMANDSLAND

DER FALL RUDOLF PLEIL 1946–1947

»Ich mache Sie jetzt tot!«

In den Jahren 1946 und 1947 häuften sich Mordfälle im Niemandsland an der deutschen Zonengrenze. Opfer waren meist Menschen, die ihren Wohnsitz von Ost- nach Westdeutschland oder umgekehrt verlegen wollten oder die Angehörige in den auseinandergerissenen Gebieten besuchten. So entstand ein neuer Verbrechertyp: der skrupellose Fremdenführer, der sich als Kenner der soeben gezogenen Trennungslinien ausgab und dann auf verlassenen

Schleichwegen und bei nächtlichen Grenzübertritten zum brutalen Raubmörder wurde.

Eine Serie besonders grausamer Mordtaten in dieser Zeit ließ aufgrund des Tatorts und der Ausführung auf immer den gleichen Täter schließen, denn alle Opfer wiesen dieselben Schädelverletzungen auf. Alles begann im März des Jahres 1946, als im überschwemmten Bruch von Roklum bei Mattierzoll die Leiche einer Frau mittleren Alters aufgefunden wurde. Mehrfacher Schädelbruch, herbeigeführt durch ein schweres Schlaginstrument, wahrscheinlich durch einen Feldstein, hatte den sofortigen Tod herbeigeführt. Alle Untersuchungen verliefen im Sande, Täterspuren fanden sich nicht. So sah sich der Staatsanwalt gezwungen, die Ermittlungen wieder einzustellen, kaum daß sie aufgenommen worden waren.

Vier Monate später wurde zwischen Walkenried und Ellrich eine 25jährige tot aufgefunden, erschlagen mit einem Hammer. Das Tatwerkzeug war bei der Ermordung zurückgelassen worden. Der zerschmetterte Kopf war mit einer weißgrauen Decke verhüllt. Von nun an ging es Schlag auf Schlag: Die Kette der Funde von Frauenleichen an der mitten durch Deutschland verlaufenden Grenze sollte so schnell nicht mehr abreißen. Erst ein sadistischer Überfall auf einen Mann sollte den Täter schließlich zur Strecke bringen.

Auf der Rückreise von einer Schwarzhandelsfahrt nach Hamburg hatte der 22jährige Kellner Rudolf Pleil im April 1947 den 52jährigen Kaufmann B. kennengelernt, der in die russische Besatzungszone fahren wollte. Er bot sich ihm als Grenzführer an, worauf der andere auch eingegangen war. Doch der betrunkene Pleil hatte den Weg verfehlt und war mit seinem Begleiter in den Grenzwäldern mehrfach im Kreis herumgelaufen. Der Kaufmann überschüttete ihn

Haupteingang der JVA Celle, Foto um 1950.

deshalb mit Vorwürfen, was Pleil derart aufbrachte, daß er ein Beil aus seinem Rucksack holte und B. kurzerhand niederschlug. Anschließend fiel er wie rasend über den Mann her, zerstückelte ihn förmlich, riß ihm die Kleidung vom Leib und raubte ihn aus.

Nach der Tat war er nach Zöblitz in Mitteldeutschland verschwunden, wo seine Ehefrau lebte, jedoch »*aufgrund der auf unbekannten Instinkten beruhenden Kreisbewegung des Mörders*« (wie sie der Kriminalpsychologe Hans von Hentig beschrieben hat) wieder an den Tatort zurückgekehrt, wo er verhaftet werden konnte. Pleil mußte der Mörder gewesen sein: Er war als letzter mit dem Kaufmann gesehen worden. Auch das Mordbeil, das man in einem Bach gefunden hatte, trug seine Fingerspuren.

Nach siebenmonatiger Untersuchungshaft wurde Pleil durch Urteil der Ersten Strafkammer des Landgerichts Braunschweig wegen Totschlags an B. in Tateinheit mit schwerem Raub zu einer Zuchthausstrafe von zwölf Jahren und drei Monaten rechtskräftig verurteilt. Außerdem wurde die Unterbringung in einer Heil- und Pflegeanstalt angeordnet. Die bürgerlichen Ehrenrechte wurden ihm auf die Dauer von zehn Jahren aberkannt. Bei der Untersuchung seines Geisteszustandes in der Poliklinik für psychische und Nervenkrankheiten in Göttingen sagte Pleil jedoch aus, daß er Näheres über einen Mord wisse, der vor drei Jahren bei Mattierzoll geschehen sei.

Pleil hatte sich Aufzeichnungen über diesen Fall gemacht und in seinen Rock eingenäht. Dieses Geständnis sollte erst nach seinem Tod veröffentlicht werden. Darin gab er zu, daß er selbst der Mörder gewesen sei. Jetzt wurden die im Jahr 1946 erfolglos gebliebenen Ermittlungen der Kriminalpolizei wieder aufgenommen. Damit wurde die Aufklärung von bisher elf ungeklärten Morden eingeleitet. Pleil gestand in weiteren Vernehmungen 26 Morde an Frauen ein, und auch, daß er diese Taten zum Teil mit zwei Komplizen begangen hatte: mit dem 1913 in Sachsen geborenen Nadelsetzer Karl Hoffmann und dem 1928 gleichfalls in Sachsen geborenen Fleischer Konrad Schüssler.

Hoffmann wurde alsbald in der Ostzone festgenommen und noch im Jahr 1950 an die Bundesrepublik ausgeliefert. Schüsslers Festnahme erfolgte im selben Jahr in Hamburg. Die Ermittlungen gegen das Mordtrio füllten schließlich 36 Bände. Die Hauptverhandlung fand im Schwurgericht zu Braunschweig statt und dauerte zehn Tage. In dem Prozeß enthüllte sich das grauenhafte Bild eines Lustmörders, der die Wirrnisse seiner Zeit kaltblütig und berechnend für seine sadistischen Triebhandlungen ausgenützt hatte.

Rudolf Pleil, am 7. Juli 1924 in Kühberg bei Bärenstein, Kreis Annaberg/Sachsen geboren, verbrachte eine trostlose Kindheit in einer Familie, die unter der Trunksucht des

Vaters litt. Durch seine Tätigkeit als Grenzschmuggler, zu der ihn der Vater schon als Kind anhielt, wurden seine schulischen Leistungen stark beeinträchtigt. Er lernte schlecht, blieb dreimal sitzen und verließ die Volksschule nach der 5. Klasse. Mit neun Jahren zeigten sich erstmals seine sadistischen Neigungen. Er begleitete seinen Schwager, einen Schweinekastrierer, auf die Dörfer. Dabei mußte er bei der rohen Arbeit die Ferkel halten, wobei es ihm offensichtlich große Freude bereitete, wenn die Tiere gequält wurden.

Mit vierzehn Jahren hatte er seine ersten sexuellen Erlebnisse; ein älterer Mann verleitete ihn zu homosexuellen Handlungen. Erste frühe Kontakte zu perversen Frauen folgten. Schließlich kam es zum Bruch mit dem Lehrherrn, einem Schmied, und Pleil nahm ein unstetes Vagabundenleben auf, in dessen Verlauf er wahllos Unterkunft und Beruf wechselte, nur um sich über Wasser zu halten. Nach schweren alkoholischen Exzessen erlitt er erstmalig einen epileptischen Anfall, viele weitere sollten folgen.

Im Jahr 1945 heiratete Pleil eine Frau, die bereits eine uneheliche Tochter hatte. Sie bekam von ihm ein weiteres voreheliches Kind. Das Zusammenleben soll anfangs gut gewesen sein. Pleil schlief regelmäßig mit seiner Frau; nichts, das hätte auffällig erscheinen können. Das wurde jedoch nach einem unvorhergesehenen Ereignis plötzlich anders.

Die Mißhandlung eines wehrlos daliegenden, stöhnenden Mannes (Pleil war kurz nach der Kapitulation der Deutschen Wehrmacht in Zöblitz als Hilfspolizist eingestellt worden) in Verbindung mit dem Betasten des nackten, blutenden Körpers erregte in ihm ein sexuelles Lustgefühl und führte sogar unerwartet zu einer Ejakulation. So wurde er sich seiner wahren, abartigen Triebstruktur endgültig bewußt: er war ein Sadist. Schon einmal hatte er diesen wilden, sättigenden Reiz verspürt; als er in einem Fremdarbeiterlager, in dem er als Koch gearbeitet hatte, mit ansehen mußte, wie nackte Frauenleichen auf einen Scheiterhaufen geworfen wurden – ein Anblick, der die anderen Menschen im Lager mit Grauen, ihn aber mit wollüstiger, sadistischer Freude erfüllt hatte.

Die Episode mit dem angeschossenen Fremdarbeiter veränderte Pleils Leben entscheidend. Seine Ehefrau sollte dies als erste bemerken. Immer häufiger ging er dazu über, seine Frau zu quälen, verfuhr dabei jedoch nicht so brutal, als daß sie es als Mißhandlung empfunden hätte. Dennoch setzte sie sich fortan immer häufiger zur Wehr, weshalb Pleil dazu überging, seine Frau betrunken zu machen, bevor er sie – wie er diese Handlungsweise nannte – »bearbeitete«.

Da es aufgrund des geleisteten Widerstands nicht gerade oft zu gewaltsamen Annäherungen dieser Art kam,

Historische Aufnahme der JVA Celle.

suchte Pleil nach einem Ausweg. Auf seinen Reisen für eine Zöblitzer Firma, bei der er als Einkäufer eingetreten war und für die er Holz und Spielwaren einkaufte, versuchte er Frauen zu finden, die er in seiner Weise »bearbeiten« konnte. Obwohl er in mehreren Städten die Bekanntschaft von Frauen machte, scheiterte er jedesmal am Widerstand seiner Opfer, die nur zu normalem Geschlechtsverkehr bereit waren.

Wegen seiner mangelhaften Schulbildung und seiner völligen Unkenntnis handelsrechtlicher Grundbegriffe verlor Pleil schließlich seine Stellung und ging immer mehr zu persönlichen Tauschgeschäften über. Schließlich betrieb er einen schwunghaften Schwarzhandel auf eigene Rechnung. Bald erstreckte sich seine Tätigkeit auch auf die Westzonen und er tauschte, ganz im Stil der damaligen Zeit, Heringe und Lebensmittel aus dem Westen gegen Kämme, Schnaps und Textilien aus dem Osten. In die Zeit dieser fortgesetzten Reisen über die Zonengrenzen fielen seine blutigen Verbrechen, die er als Grenzführer beging.

Die Wochenenden verbrachte Pleil meistens zu Hause in Zöblitz. Seiner Frau gegenüber ließ er sich jedoch nach wie vor nicht zu Tätigkeiten hinreißen. Mit den übrigen Hausbewohnern kam er gut zurecht und auch zu den Kindern hatte er kein gestörtes Verhältnis. Er war sogar, man kann es kaum glauben, ein treusorgender Familienvater.

Während seiner Zeit als Einkäufer lernte Pleil den ebenfalls bei seiner Firma beschäftigten Karl Hoffmann kennen. Auf einer gemeinsamen Geschäftsreise erzählte Pleil ihm von seinem Wunsch, eine Frau in seiner Weise »bearbeiten« zu können und beklagte sich darüber, daß keine dazu bereit sei. Darauf entgegnete Hoffmann: »Wenn du keine findest, die stillhält, mußt du eben eine bewegungsunfähig machen!«

Pleil, der an diese Möglichkeit auch schon gedacht hatte, trug diese Äußerung längere Zeit mit sich herum, bevor er sie tatsächlich umsetzen sollte. Sein erstes und weiteres Verbrechen führte er zusammen mit Hoffmann durch, mit dem er im März 1946 nach Leipzig, Halle und Magdeburg fuhr. Dieses Gebiet an der Zonengrenze erschien Pleil für sein Vorhaben besonders geeignet.

Er machte Hoffmann den Vorschlag, dort eine Grenzgängerin niederzuschlagen. Der war sofort einverstanden. Zum Grenzübergang wählten sie die Gegend von Mattierzoll. Hoffmann entwendete im Verlauf des recht trostlos verlaufenden Tages aus einem Schuppen auf dem nach Bürssum führenden Bahngelände ein Beil und gab es Pleil, der sich sofort darüber im klaren war, daß er es übernehmen sollte, ein etwa auftauchendes Opfer niederzuschlagen.

Pleil trug das Beil zunächst unter seinem Mantel. Da es ihn dort aber behinderte, steckte er es schließlich in seine Aktentasche, aus der der Stiel hervorsah. Die beiden Männer gingen an der nach Bürssum führenden Bahnlinie entlang, dann überquerten sie die Bahnstrecke in Richtung Zonengrenze; inzwischen war es völlig dunkel geworden.

Auf einem Feldweg im sogenannten Roklumer Bruch, unweit der britisch-russischen Zonengrenze, trafen sie auf die 36 Jahre alte Ehefrau E. M., die ebenfalls die Zonengrenze in östlicher Richtung überschreiten wollte und sich im Grenzgebiet verirrt hatte. Sie trug einen Rucksack bei sich, in dem sich unter anderem ein Kleiderstoff und ein graukariertes Kleid befanden. Außerdem führte sie eine helle Markthandtasche und verschiedene kleinere Gepäckstücke bei sich.

Pleil und Hoffmann kamen mit ihr ins Gespräch und erweckten das Vertrauen der Frau. Sie gaukelten ihr vor, daß sie sie sicher über die Grenze bringen würden. Hoffmann ging mit ihr voraus, während Pleil den beiden folgte. Mit einem Mal zog er sein Beil aus der Aktentasche und schlug von hinten mehrere Male auf die ahnungslose Frau ein, die tot zusammenbrach. Unmittelbar danach kniete er sich über sie und betastete ihren Körper unter der Wäsche, ohne diese jedoch in besondere Unordnung zu bringen.

Als er ihre Brüste berührte, kam er zu einem heftigen Orgasmus. Hoffmann raubte inzwischen die Leiche aus. Dann zerrte er sie an den Wegrand und warf sie in einen Graben. Da er mit Pleil vereinbart hatte, daß dieser »die Frau«, er aber die Beute bekommen sollte, gab Hoffmann dem Komplizen nichts von den Habseligkeiten der Toten ab. Pleil stellte in dieser Hinsicht auch wirklich keine Ansprüche. Als sie den Tatort verließen, nahm Pleil das Beil wieder an sich, da Hoffmann mit der Beute noch nicht zufrieden war und vorschlug, die nächste sich bietende Gelegenheit zu einem weiteren Überfall auszunutzen.

Pleil hatte aber vorerst jedes Interesse verloren, warf das blutbesudelte Beil fort und vereinbarte mit Hoffmann, über alles strengstes Stillschweigen zu bewahren.

Etwa drei bis vier Monate danach kam Pleil allein ins Zonengrenzgebiet. Er hatte eine Feldflasche voll Schnaps und einige Flaschen Likör bei sich und unterwegs reichlich Alkohol konsumiert. Angetrunken erreichte er Walkenried, wo er eine etwa 25 Jahre alte Frau kennenlernte, die ein dunkelblaues Kleid mit einer auffallenden weißen Kurbelstickerei trug.

Die Nacht verbrachte er auf dem Walkenrieder Bahnhof, wo er auf dem Fußboden schlief. Am nächsten Morgen versprach er der Frau, sie über die Zonengrenze nach Ellrich zu bringen. Gegen Mittag brachen sie auf. Erneut führte er in seiner Aktentasche ein Schlaginstrument mit sich, diesmal einen Hammer.

Als sie am Rande eines Wäldchens Rast machten, nahm Pleil einige kräftige Züge aus seiner mit Schnaps gefüllten Feldflasche, um sich Mut anzutrinken. Dann holte er urplötzlich den Hammer aus der Tasche und murmelte: *»Ich mache Sie jetzt tot!«* Als ihn die Frau ganz ungläubig anstarrte, richtete er sich in knieende Stellung auf und schlug ihr mit dem Hammer gegen den Kopf. Sie sah ihn entsetzt an und begann zu schreien. Pleil warf sich auf sie und steckte ihr, um sie am Schreien zu hindern, ein Stück Tuch in den geöffneten Mund. Da sich die Frau noch zur Wehr setzte, rang er mit ihr und rutschte bei diesem Handgemenge mit seinem Opfer einen kleinen Abhang hinunter.

Er versetzte der Frau noch zwei weitere wuchtige Schläge gegen den Kopf, den er schließlich mit einer weißgrauen Decke – offenbar aus dem Gepäck der Frau – unwickelte, worauf die Frau regungslos liegen blieb. Nach der schrecklichen Tat schlief Pleil, wohl wegen der herrschenden Hitze, des bereits am Vormittag genossenen Alkohols und mehrmaliger Ejakulationen, neben der Leiche ein. Nachdem er wieder erwacht war, nahm er den Koffer der Getöteten an sich und begab sich damit nach Ellrich, ohne am Tatort etwas zu verändern. Sogar den Hammer ließ er neben der Leiche liegen.

Etwa einen Monat danach befanden sich Pleil und Hoffmann in Hof. Hoffmann machte den Vorschlag, eine neue Bluttat zu begehen, und Pleil war spontan damit einverstanden. Diesmal sollte Hoffmann den Mord ausführen. An einem Augustnachmittag lernten sie eine etwa 20- bis 25jährige Frau kennen, die später nicht identifiziert werden konnte. Den Nachmittag und Abend verbrachten sie gemeinsam mit ihr, wobei sie mehrere Gastwirtschaften besuchten. Die Unterhaltung führte Hoffmann, während Pleil größere Mengen Schnaps trank. Angetrunken gingen sie bei Anbruch der Dunkelheit mit der Frau unter dem Vorwand, ein Nachtquartier zu suchen, auf das Gelände des Güterbahnhofs.

Plötzlich holte Hoffmann, der rechts neben der Frau ging, zu einem wuchtigen Schlag mit einem Fallschirmjägermesser aus. Er schlug und stach mehrmals heftig auf den Kopf und das Gesicht der schräg vor ihm Gehenden ein, dann stürzte sich Pleil auf die Frau. Er entblößte mit hastigen Griffen ihren Körper so weit, daß er sie betasten konnte. Derweilen stand Hoffmann untätig daneben. Als Pleil von dem unglücklichen Opfer abließ, beugte sich Hoffmann zu der Frau nieder und durchtrennte ihr mit seinem Messer den Hals bis auf die Wirbelsäule. Dieser Schnitt hatte den sofortigen Tod der Frau zur Folge. Dann plünderte er die Ermordete aus. Da sich ein Ring vom rechten Ringfinger nicht lösen ließ, schnitt Hoffmann ihr kurzerhand den Finger ab und gelangte so in seinen Besitz. Die Leiche warfen die Täter in einen etwa sieben Meter tiefen, mit einem Deckel verschlossenen Brunnen. Auch in diesem grauenhaften Fall gelobten sie sich unverbrüchliches Stillschweigen.

Am 2. September 1946 fuhren die beiden Mörder nach Erledigung ihrer Schwarzhandelsgeschäfte von Hamburg nach Uelzen. Dort verließen sie den Zug und schlugen die Richtung zur Zonengrenze ein. Sie trieben sich in den umliegenden Dörfern herum, um bei den Bauern Kämme gegen Lebensmittel einzutauschen. Am nächsten Abend begegnete ihnen in der Dunkelheit die 25jährige I. H. auf einem Fahrrad.

Zunächst schienen sie nicht an einen Überfall zu denken. Sie erkundigten sich bei ihr nach den örtlichen Verhältnissen. I. H. hielt kurz an, um Auskunft zu geben. Dabei blieb sie im Sattel sitzen und stützte einen Fuß auf die Erde. Hoffmann begann eine Unterhaltung, an der sich sein Gefährte nicht beteiligte. Pleil starrte unverwandt die Figur des großen und gutgewachsenen Mädchens an, an der ihm ihr kräftiger Oberschenkel besonders auffiel, der durch die hochgestellte Lage des einen Fußes zum Teil frei sichtbar war und in seinem oberen Teil von einem Schlüpfer umhüllt war.

Pleil entschloß sich auf der Stelle, das Mädchen niederzuschlagen und zu »bearbeiten«. Hinter dem Rücken des Mädchens hob er einen großen Feldstein auf, holte zu einem wuchtigen Schlag aus und schmetterte den Stein gegen die rechte Schläfe des Mädchens. Da die Angegriffene noch nicht zu Boden fiel, versetzte er ihr noch einen zweiten Schlag. Mit zertrümmertem Schädel brach sie zusammen. Pleil zog die Erschlagene vom Fahrrad und zerrte sie in den Wald. Dort kniete er sich über sie und »bearbeitete« sie solange, bis er zum Orgasmus kam.

Hoffmann machte ihm später Vorwürfe und verlangte von Pleil, vorher immer erst zu klären, ob sich ein solcher Überfall auch lohne. Dann forderte er Pleil auf, die Leiche weiter in den Wald hinein zu schaffen. Hoffmann verscharrte sie in einer Mulde, nachdem er ihre Sachen an sich genommen hatte.

Etwa vierzehn Tage später machten die beiden auf einer Eisenbahnfahrt die Bekanntschaft einer etwa 25 Jahre alten Frau, die aus der Gegend von Stuttgart kam und in die russische Zone reisen wollte. Da sie sehr schlank war und einen nur wenig entwickelten Busen hatte, interessierte sich Pleil nicht für sie. Hoffmann aber unterhielt sich eingehend mit ihr, und nachdem er herausgefunden hatte, daß sie Schwarzhandelsware bei sich führte, wollte er zuerst ihr Gepäck stehlen. Sie ließ es jedoch nicht aus den Augen. Daraufhin nahm er sich vor, die Frau zu töten, um sich in den Besitz ihrer Sachen zu bringen. Er teilte Pleil heimlich mit, daß er die Frau aus dem fahrenden Zug werfen wolle, ließ diesen Plan aber wieder fallen, weil es noch zu hell war.

Als die Frau dann in Königshofen (Unterfranken) ausstieg, schlossen die Männer sich ihr an. Zunächst fuhren sie mit einem Lastkraftwagen nach Trappstadt, dann machten sie sich zu Fuß auf den Weg zur Zonengrenze, die dort in einem sehr waldreichen Gelände verlief. Hoffmann unterhielt sich weiterhin sehr intensiv mit seiner Begleiterin, was zu einem immer vertraulicheren Verhältnis zwischen den beiden führte.

Als es dunkelte, verließ er mit ihr den Weg und verschwand mit ihr in einem Dickicht. Die Frau war ihm gefolgt, weil sie wohl annahm, daß er sich ihr geschlechtlich nähern oder zumindest Zärtlichkeiten mit ihr austauschen wollte. Doch Hoffmann fiel sofort über sie her und trennte ihr mit seinem Messer den Kopf vom Rumpf. Anschließend durchsuchte er das Gepäck seines Opfers und nahm alles Brauchbare an sich. Dann kehrte er auf den Weg zurück, weihte Pleil ein und schlug ihm vor, die Frau nun noch auf seine Weise zu »bearbeiten«. Doch ein letzter Rest von Anstand hielt diesen davon ab, weshalb ihn der entmenschte Hoffmann höhnisch als »Memme« bezeichnete.

Diese nächtliche Szene hatte deutlich gezeigt, worin sich die beiden Mörder grundsätzlich unterschieden: Während Hoffmann ein eiskalter, gnadenloser Killer, ein typischer Raubmörder war, war Pleil ein sogenannter Lustmörder, ein Triebtäter, der nur tötete, wenn es ihn überkam.

Pleil zog sich nach diesem grausigen Geschehen allmählich von Hoffmann zurück, denn er wollte – wie er später sagte – *»mit so einem nichts zu tun haben«*. Beide begingen zwar kurz darauf noch einen gemeinsamen Mord in Köln, der nie geklärt wurde, dann aber versuchte Pleil auf eigene Faust, entlang der Zonengrenze, im Niemandsland, Opfer zu finden. Fortan bot er sich in Wartesälen oder Kneipen allein reisenden Frauen als kundiger Grenzführer an, fand aber nur ein einziges Mal ein Opfer – in dem Fall von Walkenried bzw. Ellrich, wie bereits ausgeführt. Das mochte an seinem Aussehen gelegen haben: Der untersetzte Mann mit der niedrigen Stirn, dem pickeligen Gesicht, der platten Nase und den verschlagenen, eisgrauen Augen hinter der Nickelbrille war einfach nicht dafür prädestiniert, einem Vertrauen einzuflößen.

Nach diesem Mord entschloß sich Pleil, einen neuen Komplizen zu suchen, den er in dem damals 18jährigen Konrad Schüssler fand. Um den Mann folgsam zu machen, verleitete er den völlig mittellosen Schüssler zunächst zu einem Manteldiebstahl, worauf der junge Mann gefaßt wurde. Mit 1000 Mark Kaution holte Pleil ihn aus der Haft, um ihn so zum Dank zu verpflichten. Pleil schlug ihm vor: *»Fahr mit mir zur Zonengrenze. Da ist was los, da läßt sich was organisieren! Wir können Frauen überfallen und berauben.«* Und Schüssler, der dringend Geld benötigte, willigte ein. Nach anfänglichem Zögern war er sogar damit einverstanden, daß man den Opfern nicht nur das Gepäck wegnahm, sondern sie auch »umhaute«, wie Pleil sich ausdrückte.

Am Morgen des 12. Dezember 1946 machten die beiden an der Zonengrenze bei Nordhausen die Bekanntschaft eines etwa 27jährigen Mädchens, das in die britische Zone fahren wollte. Sie schloß sich dem hübschen Schüssler an, der ihr offenbar besonders gut gefiel. Zu dritt lernten sie kurz darauf auch noch die 55jährige Witwe L. S. kennen. Sie hatte in der Ostzone Erbschaftsangelegenheiten geregelt und befand sich nun auf der Heimreise nach Holstein.

Pleil fand an dieser Frau keinerlei sexuelles Interesse, wohl weil sie ihm zu alt war. L. S. faßte zu ihm und Schüssler starkes Zutrauen. Während ihr das Mädchen nicht sonderlich sympathisch war, hielt sie die beiden Männer eher für gutmütige Jungen. Während einer Rast im Wald bot die Witwe ihren Begleitern belegte Brote und Schnaps an, woran insbesondere Pleil sich rege bediente. Als die Frau ihm die Flasche wegnahm, entschloß sich Pleil blitzschnell, sie aus dem Wege zu räumen, um an den zusätzlich mitgeführten Schnapsvorrat heranzukommen.

Mit einem Wanderstab schlug er kurzerhand solange auf ihren Kopf ein, bis sie bewußtlos zusammenbrach. Schüssler hatte zunächst starr zugesehen. Dann aber versetzte er der bereits am Boden Liegenden ebenfalls einen heftigen Schlag mit einem Knüppel über den Kopf, ergriff zusammen mit dem Mädchen das Gepäck der Frau und flüchtete in den Wald. Pleil schloß sich den beiden an. Die Frau hatte indes das große Glück zu überleben: Einige Stunden nach dem Überfall erwachte sie aus ihrer Bewußtlosigkeit, war jedoch blutüberströmt und konnte sich kaum bewegen. Wie durch ein Wunder erreichte sie die nächste menschliche Ansiedlung. Siebeneinhalb Wochen mußte sie im Krankenhaus liegen; später trat sie gegen Pleil als Kronzeugin vor Gericht auf.

Nur ein paar Tage danach verübten Pleil und Schüssler erneut einen Überfall. Diesmal gingen sie nach einem genau abgesprochenen Plan vor. Als Tatort wählten sie ein Bahnwärterhäuschen an der stillgelegten Bahnstrecke Vienenburg-Halberstadt und als Tatwaffe eine zehn Pfund schwere eiserne Kupplungsstange von etwa 50 cm Länge. In der Abenddämmerung des 14. Dezember 1946 näherte sich eine Frau. Sie war allein unterwegs, weshalb sie von Schüssler direkt vor dem Bahnwärterhäuschen angesprochen wurde.

Kurze Zeit später trat auch Pleil aus der Tür. Er warnte die Frau, ihren Weg sogleich fortzusetzen, und log ihr vor, daß sich an der Grenze zur Zeit Russen aufhielten. Stattdessen bot er ihr an, sich im Häuschen etwas aufzuwärmen. Frau L. nahm das Angebot dankend an, wonach die drei im Innern der Bude einige belanglose Worte wechselten. Dann aber erhob Pleil unverhofft die schwere Eisenstange und schlug sie mit voller Wucht der Frau auf den Kopf. Der Schlag zertrümmerte ihr den Schädel, sie stürzte stark blutend zur Erde. Dann schlug auch noch Schüssler auf sie ein. Zusammen mit Schüssler warf Pleil anschließend die Leiche in einen unmittelbar am Bahnwärterhäuschen gelegenen tiefen Brunnen. Fünf Tage nach diesem grausamen Mord führte ihnen das Schicksal an der gleichen Stelle die 44 Jahre alte Witwe G. über den Weg, die sie nahezu auf die gleiche Weise töteten und ebenfalls in den Brunnen warfen.

Die entsetzliche Serie war noch immer nicht zu Ende. Im Januar 1947 kam es erneut zu einem Mord, diesmal mit Hoffmann, der Pleil aufgesucht hatte, *»um wieder einmal etwas mit ihm zu machen.«* Er erklärte, völlig abgebrannt zu sein. Schüssler hatte sich mittlerweilen von Pleil getrennt.

Das Opfer, die 20jährige M. M., warfen sie anschließend in den Fluß Ecker. Am 6. Februar suchten sie in der Gegend von Walkenried nach einer geeigneten Frau und trafen auf die 49jährige Ehefrau Sch. Auch sie wurde in ähnlicher Weise erschlagen und beraubt. Anfang März 1947 ermordeten sie auf nicht minder entsetzliche Weise an der Zonengrenze ein unbekanntes Mädchen, wobei Hoffmann – wie schon seinerzeit bei Trappstadt – dem Mädchen mit seinem Fallschirmjägermesser den Kopf vom Rumpf trennte, um eine spätere Identifizierung der Leiche zu erschweren. Und nur knapp einen Monat später, im April 1947, unternahm Pleil seine letzte Schwarzhandelsfahrt nach Hamburg. Auf der Rückreise lernte er den Kaufmann B. kennen. Wie er ihn tötete, ist schon eingangs geschildert worden.

Dann kam es endlich zur Verhaftung des grausamen »Totmachers« und seiner Komplizen. Pleil schrieb seine Untaten minutiös auf und hinterließ der Kriminalgeschichte unfaßbare Einblicke in die Psyche eines Serienmörders: *»Im Monat Juli 1946 war ich wieter auf Tur. In Könnern bei Bekannten hape ich mier gute starken Schnaps besorgt. Dan bin ich weiter in Richtung Walkenriet, in Walkenriet hape ich versucht eine Bude oder ein Gasthaus zu kriegen bin da auch in einigen gewesen auch ij ein Fremdenheim oder Herberge wie sich daß da heißt inzwischen hap ich auch mahl Öfters ein gezwitschert, denn eß war heiß unt der Schnaps könnte ja auch warm werden. Besoffen war ich janicht, ob ich nun in mein Trahn daß Weibstück daß ich am anderen Tag Totgemacht hape an den Abend getroffen hape daß weiß ich heute nach 4 Jahren nun nicht mehr, klahr steht auf jeden Fall dass ich mit allerhand Weiberunt Männer gesprochen hape unt mit verschietenen auch gesoffen hape denn ich hatte ja aller hand Schnaps. Da ich nun keine Bude zum schlafen gehabt habe bin ich nun einfach aufn Bahnhof gesaust unt hape dort geschlafen. Unt sogar sehr gut am anderen Tag hapen sie mich erst wachmachen müssen, nun weiß ich nicht mehr so genau jezenfalls war ich mit dem Weibstückzusammen, die tat alß ob sie mich kenne, daraus entnehme ich, daß ich sie am Abend vorher gesprochen hape. Wie sie heißt weiß ich ja nun heute nicht mehr den ich kannte ja viel Weiber Damals hape ich eß vielleicht gewust. Sie hat nun gejammert dass sie heimatlos ist unt sie nicht weiß wo sie hin soll wo sie herkam weiß ich heute auch nicht mehr, oter sie wollte jemant suchen. Sie sagte dann in ihrem Kummer daß sie keine Lust mehr zum Leben hat, Hallo* *die Enden daß war ja so ein Fall für mich zum totmachen. Ein Weibstück sagt zu Deutschlands bestem Totmacher daß sie keine Lust mehr zum Leben hat. Da ich nun ausser meinem 96 Sprit auch noch Weiberschnaps alßo Liköhr bei mir hatte so hape ich ihr zum Trost auch trinken lassen. Ich hape mich dann mit Ihr gut unthalten unt sind dann nochmals in einer Kneipe gewesen, mittlerweile ist auch mein Vorrat an Schnaps alle geworden. Dann hape ich ihr gesagt wenn sie nun doch keine Lust mehr zum Leben hat so kann ich sie ja totmachen, aber weihl sie nun durch meinen guten Likör in Stimmung kam wollte sie dann mit mir los in der Richtung nach Ellerich. Jetenfalls wollte sie mir ja nicht glauben daß ich sie totmachen wollte. Aber es ist si schohn immer gewesen unt wirt auch so bleiben, wenn ich sage ich mache tot so glaubt eß niemand. Jetenfalls hape ich ihr den Wunsch erfüllt int hape sie vor den Tez geballert unt tot gemacht. Wir sint dann loßgegangen über die Brücke den Feldweg lang biß zu den kleinen Wältchen links, heute sagt man mir daß eß Heinz Krautmacher geweßen sein soll der mit der Alten gesehen sein soll an dem Tag alß sie totgemacht worten ist. Daß kommt abber garnicht in Frage nicht in die Tüte daß ist meine Totmachung ich bin der beste Totmacher, die dachten deßhalp Heinz Krautmacher wäre eß geweßen weil er genau so außsieht wie ich, naja irren ist menschlich unt Krautmacher war am Totmachungstag garnicht in Walkenriet. Alß ich mit Heinz Krautmacher 1947 auf einer Bude lag auf Nr.86 unt er wußte genau daß ich Totmacher bin unt die alte Fotze totgemacht hape aber er sich alß Totmacher außgab daß hat mich natürlich geärgert unt ich wollte ihn zur Strafe totmachen.*

Ich hape dann auch loßgeballert aber der Scheißhaußdeckel mit den ich ihn ja totmachen wollte hat leider sein

Ziel verfehlt unt ist am Kopf vorbeigesaußt, naja Fehlschlag gewesen, ist ja schon öfters vorgekommen. Gleichdrauf hapen sie mich verlegt unt ein zweiter Versuch hat nicht stattgefunden. so lebt er alßo heute noch. Alßo alß ich dann mit der alten Lrbensmüden an den Wältchen ankam hapen wir fünzehn gemacht ich hape ihr dann gesagt daß ich sie nun totmachen wolte hat sie eß aper noch nicht geglaubt hape eß ihr aper bewießen hape den Apparat genommen unt hier ihr dann vorn Ballong geballert; da lag sie nun so schön unt unt mir stand der Schlamm auf der Pfeife und eß ist mir so schöhn einer dabei abgegangen, ich hätte sie ja ficken können aber da zu hap ich keine Lust ich hape sie dann an der Fotze, Titten unt an die Beine bearbeitet unt dann ging mir wieter so schöhn einer ab ohne daß ich zu wichsen brauchte, ja heute muss ich ja nur noch wichsen denn ich hape ja leiter niemandzum totmachen denn ich liege ja allein auf der Bude, aber eß ist ja noch nicht alle Tage abend eß wirt sich schohn nochmahl eine Gelegenheit biten zum totmachen, denn ich möchte doch so gern ja wieter mahl de Totmachungsgenuss hapen, dass mierv einer abgeht ohne dass ich zu wichsen brauche. Letztens hape ich ja den versuch gemacht mir zu operieren an den Arm mit einer Rasierklinge. Ich wollte doch mahl sehen ob mir auch einer abgeht wenn daß Blut mir aus den Arm läuft, aper grate alß eß anfing kam der Miester mit der Zeitung unt hat mich dabei gestört die Rasierklinge weggenommen unt den Arm verbunten. Alßso weiter, alß mir dann zum zweiten mahl einer abging ohne zu wichsen bin ich noch bißchn dageblieben denn ich war müde nach den vielen Schnaps denn ich hatte jaordentlich einen gesoffen dann bin ich loßgegangen nach Ellerich um mir neuen Schnaps zu besorgen wo ich der alten Fotze ihre Klamotten gelassen hape weiß ich heutenicht mehr vieleichthape ich eß fortgeschmissen oter sonst wo, jetenfalls war die Totmachung brima fastbalt so gut wie die bei Abbenrote wo außnahmsweiße mahl Karl dabei war, den ich auch fürs totmachen anlernen wollte aber der hat ja doch keine Ahnung, naja eß ist eben noch kein Meister von Himmel gefallen, ich musste eß auch lernen.

Rudolf Pleil

Totmacher a. d.

wichsen macht das Leben süß einer spielt Karten
totmachen noch viel mehr der antere Tennis
der antere witer geht
gerne ins Kino, unt
ich mach epen gerne tot
jeter hat seine Leiden-
schaft unt ich kann
ohne totzumachen nicht
leben

*Rudolf P l e i l«**

Zwei Sachverständige haben das Problem Pleil zu klären versucht: der erste eine Kapazität der Psychiatrie, der zweite eine Kapazität der Gerichtsmedizin. Der Psychiater hat vier Faktoren gefunden, deren Zusammentreffen Pleils Morde verursacht haben sollen: seine leichte Epilepsie, seine

* Auszug aus: *Mein Kampf von Rudolf Pleil Totmacher*. Der Kriminalfall wird mit zahlreichen Quellen und bisher unveröffentlichten Abbildungen von Birgit Lautenbauch und Johann Ebend ausführlich in *Historische Serienmörder IV* behandelt.

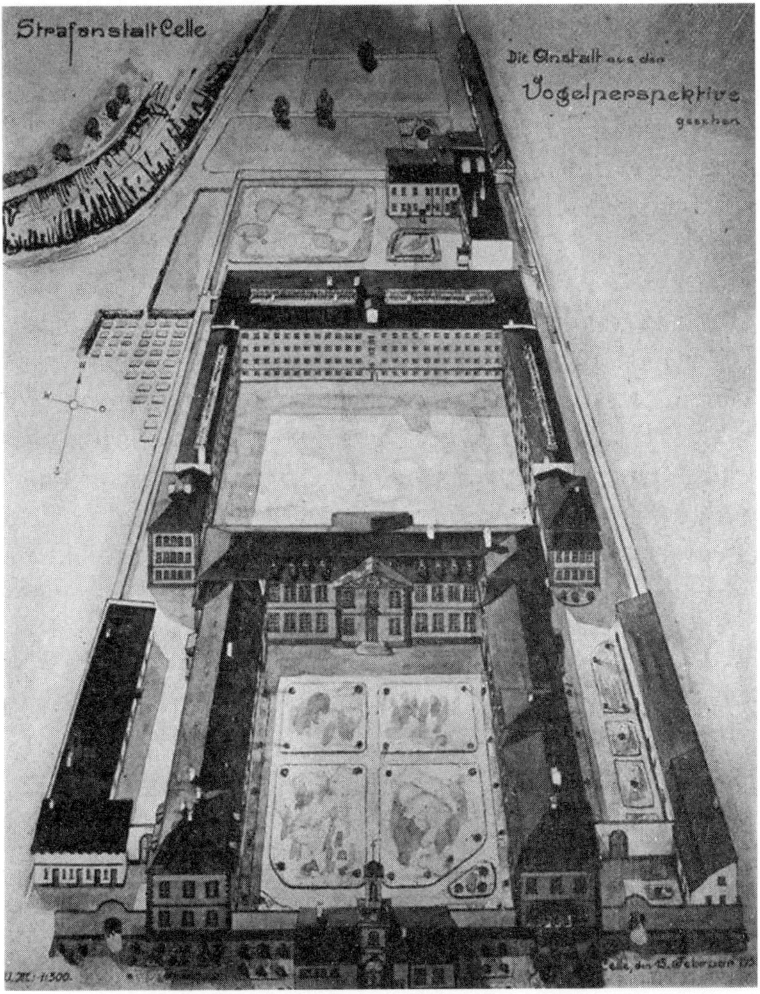

Zeichnung der JVA Celle aus der Vogelperspektive.

Zellentrakt der JVA Celle, in welchem Rudolf Pleil untergebracht war.

Alte Arrestzelle der JVA Celle.

Cellesche Zeitung 17. II. 1958

Pleil hängte sich an der Türklinke auf

Sensation in der Celler Strafanstalt — Nach mehreren Versuchen sich selbst entleibt

Ein grausiges Bild bot sich am Sonntagvormittag dem diensthabenden Wachtmeister in der Strafanstalt Celle. Der berüchtigte, 33 Jahre alte Massenmörder Rudolf Pleil hing mit einem Handtuch aufgeknüpft an der Türklinke seiner Zelle. Die in Einzelhaft befindliche Bestie in Menschengestalt hatte nach mehreren vergeblichen Versuchen ihrem verpfuschten Leben ein Ende gesetzt. Anstatt Trauer wird ein Aufatmen durch die Reihen der Bevölkerung gehen, und selbst die Strafanstaltsinsassen, die sonst sehr aufgeschlossen für ihre Mitinhaftierten sind, fühlen sich erleichtert, da das Zusammensein mit Pleil auch für sie eine seelische Belastung bedeutete.

Massenmörder Rudolf Pleil, ein Foto aus dem Jahre 1956

Der gelernte Kellner Pleil aus dem Erzgebirge war mit seinen beiden Komplicen, dem heute 44 Jahre alten Nadelsetzer Karl Hoffmann (sieben Morde) und dem 38 Jahre alten Ex-Fremdenlegionär Konrad Schüßler (zwei Morde und ein Mordversuch) nach elftägiger Hauptverhandlung vom Schwurgericht Braunschweig am 17. November 1950 zu lebenslänglichem Zuchthaus verurteilt worden. Das Trio war in den Nachkriegsjahren zum Schrekken an der Zonengrenze geworden und hatte eine unbekannte Anzahl von Grenzgängern ermordet. Pleil selbst hatte 26 Morde zugegeben, für die nach der langen Zeit jedoch kein Beweismaterial mehr gefunden werden konnte. Alle drei wurden in das Zuchthaus Hameln eingeliefert und, als dieses von der Justizverwaltung aufgegeben wurde, 1955 nach Celle übergeführt. Eine Revision, die Pleil anstrengte, wurde verworfen. Während seiner Haftzeit hatte Pleil seine Erlebnisse und Mordtaten niedergeschrieben und versucht, diese „Memoiren" unter dem Titel „Mein Kampf von Obertotmacher a. D. Rudolf Pleil" an einen Verlag zu verkaufen.

Der Selbstmord von Pleil kommt für die Eingeweihten nicht überraschend. Bereits im Mai vergangenen Jahres unternahm der viehische Mörder den ersten Versuch, Schluß mit sich selbst zu machen. Die Grausamkeit, mit der er seinen Opfern begegnete, schien dem grobschlachtigen, über zwei Zentner wiegenden Burschen der einzige Lebensinhalt zu sein. Er mußte Blut sehen, so sagte er seinen Mitgefangenen, das löse bei ihm gewisse Befriedigung und Reflexe aus. Unter diesem Aspekt stand wohl seine Handlung, sich mit dem Messer rund 80 Stiche in den Beinen und Oberschenkeln beizubringen. In die Wunden legte er Bleischnitzer und schmierte er Tintenstift, um eine Blutvergiftung herbeizuführen. Doch die robuste Natur des Mörders überwand diese Selbstmordabsicht.

Aerztliche Kunst rettete ihn

Einige Monate später versuchte er sich selbst zu entmannen. Mit einer Rasierklinge führte er dieses Unterfangen durch. In einem Augenblick der Selbsterkenntnis schien er das Ver-

er vier Liter registriert. Er wollte einmal feststellen, wieviel Blut ein Mensch verlieren kann. Irgendwann hat er dann das Bewußtsein verloren. Am nächsten Morgen wurde er entdeckt und blutüberströmt wie tot ins Lazarett geschafft. Dort wurde eine Blutübertragung vorgenommen, und einen halben Tag später war Pleil wieder der alte Zyniker: „Was ist passiert", sagte er vom Bett aus, „das ist ja gar nichts!" Er stand auf, brach aber vor dem Bett zusammen.

Der furchterregende Triebmensch sagte von sich selbst, er sei ein guter Mensch, aber plötzlich packe es ihn, dann müsse er Blut sehen. Das verspürten auch Mitgefangene, die zuerst mit ihm, als er 1955 aus dem Zuchthaus Hameln nach Celle übergeführt worden war, in einer Doppelzelle untergebracht wurden. Zweimal ging der bullenhafte Pleil auf einen seiner Zellengenossen los und schlug diesen zusammen, so daß der Massenmörder in Einzelhaft gesteckt werden mußte. Kein Mitinhaftierter wollte etwas mit Pleil zu schaffen haben. Ja, einzelne Gefangene legten sogar Wert auf die Feststellung, daß sie keine Mörder seien und es nicht zumutbar sei, mit einem solchen gemeinsam in einer Zelle oder im Lazarett in einem Krankenzimmer zu sein.

Pleils Mordkomplicen, Schüßler und Hoffmann, befinden sich auch in der Celler Strafanstalt. Hoffmann scheint sogar nach seinen unmenschlichen Akten an den weiblichen Opfern allmählich in sich zu gehen. Er betätigt sich als Kirchendiener in der Strafanstalt. WK

Cellesche Zeitung vom 17.2.1958.

starke Alkoholsucht, seine sadistische Veranlagung und die schreckliche – all diese Taten begünstigende – Zeit, in der er so ungestört morden konnte. Und da die Morde immer nur im Fall des Zusammentreffens all dieser unseligen Umstände verübt wurden, billigte er ihm eine verminderte Zurechnungsfähigkeit zu.

Der Gerichtsmediziner war allerdings anderer Ansicht. Er stufte Pleil als hochintelligenten Menschen ein, der Einsicht genug bewiesen habe, um das Verwerfliche seines Tuns einzusehen und dessen Willenskraft auch groß genug gewesen sei, um nach dieser Einsicht zu handeln. Demzufolge erklärte er ihn als voll verantwortlich. Schließlich endete der Prozeß für Pleil, Hoffmann und Schüssler mit der gleichen Strafe: Lebenslänglich sollten sie hinter Gefängnismauern für ihre unfaßbaren Taten sühnen.

Doch Rudolf Pleil, der selbsternannte *»Totmacher«*, entzog sich diesem Urteil: Am 18. Februar 1958 richtete er sich in der Strafanstalt Celle selbst, indem er sich erhängte.

DER KILLER VOM SCHWARZEN MARKT

DER FALL JOSEF CIEPLAK
1948

»Ich habe doch nur Juden umgelegt.«

Am 25. Juni 1948 – nur wenige Tage nach der Währungsreform in der Bundesrepublik Deutschland – teilte ein Hamburger Gastwirt gegen Mitternacht der »Davidswache«, dem berühmt-berüchtigten Hamburger Polizeirevier auf St. Pauli, telefonisch mit, daß ein Gast in seinem Lokal erzählt habe, bei sich zu Hause lägen zwei Leichen im Keller. Er habe daraufhin versucht, unter den im Lokal Anwesenden jemanden zu gewinnen, der ihm beim heimlichen Abtransport der Toten behilflich sein könnte.

Das betreffende Lokal genoß keinen guten Ruf und es war polizeibekannt, daß dort vor allem Falschspieler, Betrüger, Zuhälter und Diebe verkehrten. Deshalb erschien die Mitteilung dem diensttuenden Wachtmeister zunächst recht unglaubwürdig, so daß er nicht gleich die Mordkommission verständigte, sondern nur einen ihrer in der Nähe des Reviers wohnenden Beamten. Dieser stellte im Lokal des Gastwirts fest, daß es sich bei dem Gast um einen altbekannten Betrüger und Schwarzmarkthändler handelte, der in St. Pauli wohnte. Seine Wohnung war im Gegensatz zu den anderen des Hausgrundstückes direkt von der Straße aus zu betreten. Sie war völlig für sich abgeschlossen, was ihm bei seinen Schiebergeschäften und Betrügereien große Vorteile bot. Nachbarn und andere Leute konnten ihn nicht beobachten und auch nicht sehen, wer in der Wohnung ein- und ausging.

Der Beamte begab sich zu der Wohnung und traf im Wohnzimmer ein Ehepaar und dessen Freunde Alex und Karl an. Allem Anschein nach hatten sie gerade beraten, wie sie die Leichen unauffällig aus der Wohnung verschwinden lassen konnten. Die Anwesenden waren allesamt keine unbeschriebenen Blätter mehr, ihr Vorstrafenregister enthielt Verurteilungen wegen Betruges und Zuhälterei.

Im Keller, der nur durch eine Stiege von der Wohnung aus, nicht aber vom Hausflur zu erreichen war, lagen auf einem Kohlenhaufen die Leichen der beiden jüdischen Kaufleute Hermann Bart und Racsmil Rosner. Beide waren durch Kopfschüsse getötet worden. Sie waren völlig bekleidet, das Taschenfutter ihrer Kleidung war herumgedreht. Da kein Bargeld bei ihnen zu finden war, konnte es sich nur um einen Doppelraubmord handeln. Im Vorraum des Kohlenkellers war ein Tisch aufgestellt, auf dem eine Bleiplatte lag. Dicht danbeben stand ein Säurefläschchen.

Der Beamte alarmierte von der Wohnung aus telefonisch die Mordkommission, bat die »Davidswache« um Entsendung von zwei Schutzpolizeibeamten und nahm die drei männlichen Anwesenden in der Wohnung des Schwarzhändlers erst einmal fest.

Alex, der eine Freund des Wohnungsinhabers, erklärte auf Befragen, daß ein junger Pole an ihn herangetreten sei mit der Frage nach einem Kellerraum, den er kurze Zeit benutzen wollte, um dort ungestört Gold zerkleinern und Geschäfte mit Goldhändlern abwickeln zu können. Für die Beschaffung eines solchen Kellerraumes habe er ihm 500 Mark geboten.

Daraufhin hatte sich Alex an seinen Freund Karl gewandt, worauf beide zu jenem Wohnungsinhaber gingen und ihm das Angebot des jungen Polen unterbreiteten. Der Keller erschien für dieses Geschäft am geeignetsten und der Händler war unter der Bedingung einverstanden, daß der für die Vermietung der Kellerräume gezahlte Betrag zu gleichen Teilen ausgezahlt würde, so daß jeder ein Drittel davon erhielte.

Der Pole besichtigte den Raum und befand ihn für sein Geschäft geeignet. Er ließ sich noch einen Tisch hineinstellen, ein elektrisches Verlängerungskabel mit einer Glühbirne legen, die genau über dem Tisch hängen sollte, und von innen an die Kellertür einen Riegel befestigen. Dann bat er noch um eine Bleiplatte, die auch von Alex besorgt wurde. Alex erklärte, daß er auf Verlangen des Polen auch noch einen Blumentopf hingestellt habe. Ihm lag wohl nur daran, auf bequeme Art und Weise zu Geld zu kommen. Geld war zu der Zeit, in der jedem Bundesbürger nur sein »Kopfgeld« zur Verfügung stand, der begehrteste Artikel.

Als nach einigen Tagen gegen 20 Uhr der Pole in Begleitung der beiden jüdischen Kaufleute Bart und Rosner erschien, öffnete ihnen der Hausherr die Wohnungstür und ließ alle drei durch den Korridor in den Keller hinabsteigen.

Im Wohnzimmer warteten Alex, Karl und der Wohnungsinhaber. Sie waren sich einig, den Polen nicht eher aus der Wohnung herauszulassen, bis er den versprochenen Geldbetrag von 500 Mark bezahlt hatte. Es vergingen nur ein paar Sekunden, als sie zwei Detonationen hörten. Sie schraken zusammen, weil sie vermuteten, es seien Schüsse gewesen, beschwichtigten sich aber rasch gegenseitig, daß es ja auch der Lärm vom »Goldzerkleinern« gewesen sein konnte.

Kurze Zeit später kam der Pole aus dem Keller heraufgestürzt und lief zum Wohnungsausgang, den er aber verschlossen vorfand. Er öffnete die Tür des Wohnzimmers, hielt den Dreien seine Pistole vor und verlangte, daß ihm die Tür geöffnet werde. Angesichts dieser Situation und der vorangegangenen Detonationen mußten die drei Freunde damit rechnen, daß der Pole von seiner Schußwaffe Gebrauch machen würde, wenn sie sich weigerten. Also öffnete man ihm die Tür und der Mann verschwand. Nun begaben sich die drei Freunde in den Keller und entdeckten erschrocken und bestürzt die Leichen der beiden jüdischen Kaufleute. Sie berieten, wie sie die Toten unbemerkt aus dem Keller schaffen könnten – doch ohne weitere Mitwisser heranzuziehen, schien ihnen das Vorhaben nicht realisierbar.

Der Wohnungsinhaber verschwand erstmal und begab sich in jene Gaststätte, wo er sich auf den Schrecken hin dem etwas unkontrollierten Genuß von Alkohol hingab. Nachdem er sich unter den Gästen vergeblich nach geeigneten Bekannten umgesehen hatte, die beim Abtransport der Leichen hätten behilflich sein können, verließ er das Lokal wieder und kehrte in seine Wohnung zurück. Der Gastwirt aber benachrichtigte sofort die Polizei.

Trotz mehrfacher Vernehmung blieben die drei Männer bei ihren Aussagen und verwickelten sich auch nicht in Widersprüche, wie das bei Tätern oder Komplizen der Fall ist. Es konnten keine Anhaltspunkte gefunden werden, die die Annahme hätten rechtfertigen können, daß sie nicht die Wahrheit sagten. Alle drei gaben zudem die gleiche Personenbeschreibung des Polen ab. Es konnte also mit Sicherheit ausgeschlossen werden, daß die Aussagen bis in alle Einzelheiten vorher von den drei Freunden abgesprochen worden waren. Trotzdem wurden sie vorerst wegen Verdachts des Raubmordes dem britischen Haftprüfungsrichter zugeführt, der gegen alle drei Haftbefehl erließ.

Die Angehörigen der beiden ermordeten jüdischen Kaufleute konnten keine Hinweise geben, die zur Aufklärung der Tat und Ermittlung des Täters hätten führen können. Die Durchsuchung der Wohnungen der drei Verhafteten erbrachte keine weiteren Erkenntnisse.

Die Beamten der Mordkommission begaben sich nun auf den Schwarzen Markt, der nach der Währungsreform nicht mehr so stark bevölkert war, denn die Reichsmark war wertlos und die Deutsche Mark sehr knapp geworden. Es wurde aber mit amerikanischen Zigaretten, Devisen, Goldwaren und Lebensmitteln weitergehandelt.

Bei den Devisen- und Goldschwarzhändlern erfuhren sie, daß der junge Pole vom Sehen her in der Schwarzmarktszene bekannt war und auch mit ihnen schon Geschäfte hatte machen wollen. Einer dieser Händler erklärte, daß der Pole ihm einen goldenen Pokal, der aus einer Warschauer Kirche stammen sollte, verkaufen wollte. Angeblich liege er im Wald vergraben. Er sei aber mißtrauisch gewesen und habe – nach einer Fahrt in diese unheimliche Gegend – abgelehnt. Von dem Schwarzmarkthändler Hohn wisse er, daß der sich von dem Polen habe überreden lassen, mit demselben gleichfalls in jenen Wald zu fahren und nach dem Pokal zu suchen. Seit dieser Zeit sei dieser Mann verschwunden. Auf dem Schwarzen Markt habe man Hohn nie wieder gesehen.

Hohn besaß keine Angehörigen. Seine Verlobte erklärte, daß er seit längerer Zeit nicht mehr bei ihr gewesen sei und sie keine Ahnung habe, wo er sein könnte. Daß er Schwarzmarktgeschäfte mache, gab sie zu, wollte aber nicht wissen, womit ihr Verlobter gehandelt habe. Eine Vermißtenanzeige habe sie nicht geschaltet, da es schon öfter vorgekommen war, daß er für längere Zeit verreiste.

Als ihr erklärt wurde, daß er vor einigen Wochen mit einem Polen in den Wald gefahren sein sollte, um dort einen Goldpokal auszugraben, war sie fest davon überzeugt, daß ihr Verlobter von dem Polen ermordet worden sei. Nun erst teilte sie die Adresse seiner Wohnung mit, die er »schwarz« gemietet habe.

Hohns Wirtin bestätigte, daß er schon seit Wochen nicht mehr zu Hause gewesen war, dieses aber aufgrund seines Berufes öfter vorkomme. Die Durchsuchung von Hohns Zimmer, vor allem seiner Schriftstücke, ergab keine Anhaltspunkte, die auf den Polen wiesen. Die Wohnung wurde versiegelt, der Schlüssel bei der Mordkommission hinterlegt.

Das Waldstück in Groß-Hansdorf, in dem der goldene Pokal vergraben sein sollte und zu dem der Goldhändler, der mit dem Polen mit dem Taxi im Wald gewesen war, die Polizei führte, wurde von einer Hundertschaft der Schutzpolizei durchstreift. Weder Hohns Leiche noch andere Spuren konnten gesichert werden.

Nach den Lebensgewohnheiten des Polen befragt, erklärten einige Schwarzhändler, daß dieser oft in ein Tanzlokal auf der Reeperbahn gehe. Bei den Ermittlungen in diesem Lokal gab eine Tanzdame dann auch zu, einmal mit diesem Polen in einem Hotel abgestiegen zu sein. Bei der Durchsicht des Gästebuches des Hotels wurde festgestellt, daß sich der Pole dort unter dem Namen Josef Cieplak, geb. 23. Januar 1925 in Warschau, eingetragen hatte. (Laut Zuchthausakte Hameln lautete das richtige Geburtsdatum »24.1.1924«).

Mit Cieplak zusammen war ein weiteres Pärchen im Hotel abgestiegen: der 25jährige Koch Hans Böhme und dessen Verlobte, deren richtige Wohnung auch im Gästebuch angegeben war. Böhmes Verlobte wurde in ihrer elterlichen Wohnung aufgesucht. Schwer krank im Bett liegend, empfing sie die Kriminalbeamten. Sie gab an, Cieplak durch ihren Verlobten Hans Böhme kennengelernt zu haben, zählte alle Lokale, in denen Cieplak und auch Böhme verkehrten, auf und wies zusätzlich auf einen Jugoslawen hin, der gleichfalls zu dem Freundes- und Bekanntenkreis Cieplaks gehörte. Nach der Personenbeschreibung des Polen befragt, erklärte sie, daß sie von ihm ein Bild in ihrem Handtäschchen haben müsse, suchte es und stellte es der Polizei zur Verfügung.

Durch Umfragen auf dem Schwarzen Markt konnte die Wohnung des Jugoslawen ermittelt werden. Um Cieplak im Schlaf überraschen zu können, begaben sich die Kriminalbeamten zwischen vier und fünf Uhr morgens dorthin. Die Wirtin erklärte, daß der Jugoslawe vor vierzehn Tagen ausgezogen sei, weil er geheiratet habe und jetzt wohl eine Gartenlaube in Hamburg-Tiefsack bewohne.

Erst gegen 7.30 Uhr morgens fanden die Kriminalbeamten diese Gartenlaube. Der Jugoslawe und seine junge Frau waren anwesend. Beide erklärten, daß Cieplak noch um sechs Uhr morgens bei ihnen gewesen sei und den Jugoslawen aufgefordert habe, mit ihm *»ein Ding zu drehen«*. Er habe auch gesagt, daß er den Kantinenwirt Save Gutesa aus dem Ausländerlager am Funkturm berauben wolle.

Da der Jugoslawe keine Lust hatte mitzumachen, zumal es sich bei dem Kantinenwirt um einen Landsmann von ihm handelte, drohte Cieplak, ihn zu erschießen, und sah von diesem Vorhaben nur auf Bitten und Flehen der jungen Frau hin ab. Diese war beim Erscheinen der Beamten noch immer schreckensbleich und zitterte am ganzen Leib. Diesen Zustand erklärte sie damit, daß sie beim Klopfen vermutet habe, Cieplak sei noch einmal zurückgekommen, um sie und ihren Mann nun tatsächlich zu erschießen. Beide wußten bereits, daß Cieplak in St. Pauli die beiden jüdischen Kaufleute erschossen hatte, denn der Pole hatte in der Gartenlaube des Jugoslawen auf eine diesbezügliche Zeitungsnotiz gezeigt und erklärt, daß das Ganze *»seine Arbeit«* gewesen sei.

Nun fuhren die Kriminalbeamten unverzüglich zum Ausländerlager am Funkturm und verlangten dort, den Kantinenwirt zu sprechen. Dessen Sohn erklärte, daß ein junger Pole dagewesen sei, der seinem Vater gesagt habe, er solle sich Geld einstecken, weil er ihm ein Geschäft mit Butter und Schmalz vermitteln könne. Sein Vater habe daraufhin 800 Mark eingesteckt und sei mit dem Polen gegen 7.15 Uhr aus dem Lager gegangen. Wohin sie unterwegs wären, wurde nicht gesagt. Als dem Sohn des Wirtes Cieplaks Lichtbild vorgelegt wurde, bezeichnete er diesen als den Polen, mit dem sein Vater weggegangen war.

Inzwischen war etwa eine Stunde vergangen. Die Kriminalbeamten befürchteten einen neuen Mord, waren sich aber klar, daß sie ihn wohl kaum noch verhindern können würden. Es blieb ihnen nichts weiter übrig, als zu hoffen, daß es sich der Pole in letzter Sekunde anders überlegen würde. Prompt kam gegen Mittag ein Anruf von der Polizeiwache Schmalenbek, daß dort im Waldgelände »Hamburger Wald« gegen halb acht Uhr morgens ein Mann namens Save Gutesa von einem Unbekannten erschossen worden sei. Einige Frauen und Kinder, die in dem Waldstück Blaubeeren gesammelt hatten, waren sogar Augenzeugen des Mordes geworden. Sie sahen, nachdem sie einen Schuß gehört hatten, wie ein Mann von einem anderen verfolgt wurde. Der Verfolger gab auf den vor ihm laufenden Mann noch zwei weitere Schüsse ab, die ihn töteten. Dann leerte der Schütze die Taschen seines Opfers und lief weg. Die Beerensammlerinnen wagten nicht, sich dem Mörder in den Weg zu stellen, sie trauten sich auch nicht aus dem Gebüsch heraus, um nicht selbst erschossen zu werden.

Es lag also ein Raubmord vor, von dem die beiden Kriminalbeamten gewußt hatten, noch bevor er amtlich bekannt geworden war, ja sogar bevor er noch geschehen war und den sie trotz allem nicht hatten verhindern können.

Der Jugoslawe, der vermutlich Schwarzhandel betrieben, aber nach seiner Heirat ein festes Arbeitsverhältnis aufgenommen hatte, wurde auf freiem Fuß belassen, da man ihm keine Straftat nachweisen konnte und auch kein begründeter Verdacht vorlag, daß er selbst etwas mit den Morden zu tun gehabt hatte.

Hans Böhme war nicht zu ermitteln. Seine schwerkranke Verlobte hatte er nicht aufgesucht. Diese versicherte den Beamten der Mordkommission, daß sie sie verständigen werde, sobald Böhme auftauche, damit dieser eventuell einen Hinweis geben könne, wo sich Cieplak aufhalte. Die Fahndungen nach dem Polen selbst verliefen gleichfalls ergebnislos.

Einige Tage später erschien auf dem Polizeiposten in Hamburg Garstedt der Vater eines jungen Mädchens und gab dort einen Brief ab. Dieser Brief war von Cieplak unter dem Namen *Bentkowski* aus Paris geschrieben worden. Das Mädchen gab zu, mit Cieplak ein Verhältnis gehabt zu haben, auch habe er ihr angeblich die Heirat versprochen. Dem Brief war ein Geldbetrag beigefügt. Das Mädchen versicherte, den Brief noch nicht beantwortet zu haben. Aus dem Inhalt des Briefes ging hervor, daß Cieplak das Mädchen liebe und auch immer für es sorgen werde.

Die Kriminalpolizei in Paris wurde über Interpol sofort verständigt. Dem Polen gelang jedoch die Flucht aus dem Hotel, in dem er sich eingemietet hatte und von dem aus er auch an das Mädchen in Hamburg-Garstedt geschrieben hatte. Er hatte das Eintreffen der Kriminalbeamten rechtzeitig bemerkt und den Hinterausgang genommen.

In Paris hatte Cieplak sich unter dem Namen Stanislaw Bentkowski, geb. 7. Juni 1925 in Kostomobe, in dem Hotel eingemietet. Die undeutliche Schrift ließ auch die Lesart »Beulkowski« oder »Benkowski« zu. Alle der Interpol angeschlossenen Länder wurden nun verständigt und um Mitfahndung gebeten. Plakate wurden gedruckt und eine Belohnung von 1000 DM ausgeschrieben.

Wochen später kam ein Funkspruch von der belgischen Kripo aus Lüttich, daß Cieplak alias Bentkowski dort festgenommen worden sei und des Landes verwiesen werde. Der Zeitpunkt und der Ort des Grenzüberganges bei Aachen wurden genau angegeben. Die beiden Sachbearbeiter der Mordkommisssion Hamburg fuhren mit dem Auto nach Aachen, um Cieplak gleich an der Grenze in Empfang nehmen zu können.

Die belgischen Kriminalbeamten waren sehr zuvorkommend und freundlich, teilten den Kollegen von der

Hamburger Mordkommission mit, wie sich die Festnahme zugetragen hatte, und transportierten den außerdem gefesselten Cieplak in ihrem Gefangenenwagen in den Hof des Polizeigefängnisses in Aachen. Dort erfolgte die formelle Übergabe des Schwerverbrechers.

Nach den Schilderungen der belgischen Beamten war Cieplak in der Nähe von Lüttich auf einer Kohlengrube beschäftigt gewesen. Er wurde dort zur Polizei vorgeladen, damit seine Personalpapiere in Ordnung gebracht würden für den Fall, daß er im Lande bleiben wollte. Als Cieplak bereits die Polizeiwache wieder verlassen hatte, erfuhren die belgischen Beamten von dem deutschen Fahndungsersuchen und nahmen ihn gleich anschließend in seiner Wohnung fest.

Die beiden Hamburger Kriminalbeamten übernachteten in Aachen und ließen den Polen im Polizeigefängnis unterbringen, da sie am gleichen Tag doch nicht mehr bis nach Hamburg zurückgekommen wären und die Nachtfahrt in einem VW auch nicht sicher genug erschien. Da Cieplak die Todesstrafe zu erwarten hatte, mußte damit gerechnet werden, daß er alles versuchen würde, um fliehen zu können, selbst auf die Gefahr hin, dabei sein Leben zu verlieren.

Die Übernachtung in Aachen brachte den beiden Kriminalbeamten eine Rüge ihrer Vorgesetzten ein, die sie aber kalt ließ, weil sie wußten, daß sie richtig gehandelt hatten, als sie erst tags darauf am frühen Morgen aus Aachen zurückfuhren. Unterwegs versuchte Cieplak tatsächlich auf alle mögliche Arten, seine Freiheit zu erlangen. Zunächst unterhielt er sich in seiner Muttersprache mit dem einen Kriminalbeamten, der gut Polnisch sprechen konnte. Er versprach ihm 10000 Goldzłoty, die er noch vergraben haben wollte, wenn er ihm zur Freiheit verhelfen würde. Als er dann einsah, daß seine Bemühungen vergeblich waren, beeinflußte er den Fahrer, schneller zu fahren, offensichtlich um einen Verkehrsunfall heraufzubeschwören, der ihm vielleicht eine Chance zur Flucht hätte bieten können.

Da die Gefahr bestand, daß er sich von seinem hinteren Sitz aus auf den Fahrer stürzen und diesen in seiner Fahrtätigkeit so behindern könnte, daß sich möglicherweise das Fahrzeug bei hoher Geschwindigkeit überschlug, wurden Cieplak die Hände auf den Rücken gefesselt und auch die Beine in Fesseln gelegt, so daß er ziemlich bewegungsunfähig war. Allerdings wurde ihm eine Raucherlaubnis erteilt, die er auch nutzte. Er rauchte während der ganzen Fahrt fast ununterbrochen.

Der neben ihm sitzende Kriminalbeamte wollte einmal die Langeweile der Fahrt überbrücken und zum anderen schon für Cieplaks Vernehmung vorarbeiten und unterhielt sich mit ihm über seine Mordtaten in seiner Muttersprache.

Cieplak gab anfangs nur kurze und mürrische Antworten wie: *»Was wollt Ihr denn eigentlich von mir? Ich habe doch nur Juden umgelegt. Hitler hat tausende Juden umgebracht, darüber wird nichts gesagt und ich doch nur drei!«* Das ließ den Beamten aufhorchen. Es mußte also noch ein Mord an einem Juden von Cieplak begangen worden sein, denn in St. Pauli waren es »nur« zwei gewesen.

Bei den Vernehmungen auf der Dienststelle gab der Pole den Doppelraubmord an den beiden jüdischen Kaufleuten Bart und Rosner zu und schilderte ausführlich den Hergang. Noch bei seinem Geständnis war er darüber erbost, daß die beiden Opfer ihn genarrt hätten, denn sie sollten nach der Vereinbarung 10000 DM mitbringen, und er habe dagegen in ihren Taschen nur 99 DM gefunden.

Es ergaben sich keine Widersprüche zu den Feststellungen am Tatort und den vorliegenden Zeugenaussagen. Cieplak gab auch unumwunden den Mord an dem

Kantinenwirt Gutesa zu und erklärte, daß er diesen mit einem einzigen Schuß erledigen wollte, ihn aber nur am Arm getroffen habe, weil der Mann sich plötzlich gebückt und gedreht habe. Als er dann weggelaufen sei, habe er noch zweimal auf ihn geschossen. Dann nahm er ihm die 800 DM und die Uhr ab und verschwand über die Grenze nach Frankreich. Die Pistole wollte er noch vor der Grenze weggeworfen haben.

Als ihm vorgehalten wurde, daß er doch drei Juden »umgelegt« habe, wie er auf dem Transport von Aachen nach Hamburg erzählt habe, legte er ein zusätzliches – reichlich unerwartetes – Geständnis zu dem Raubmord an dem jüdischen Kaufmann Grünstein in Frankfurt ab.

Dazu erklärte er, daß er einige Goldplättchen im Besitz hatte, die er dem jüdischen Kaufmann gezeigt habe. Nachdem Grünstein sich durch eine Säureprobe überzeugt hatte, daß sie echt waren, ging er auf das von Cieplak angebotene Geschäft ein, ein ganzes Kilogramm dieser Plättchen zu kaufen. Cieplak erklärte, daß er das Paket mit den Goldplättchen auf dem Flugplatz in Frankfurt versteckt habe. Beide wurden sich einig, gemeinsam zu diesem Versteck zu fahren.

Cieplaks Kumpan war Böhme gewesen, dem der Pole auch eine Pistole verschafft hatte. In der Nähe des Flugplatzes sollte Grünstein ermordet und seines Geldes beraubt werden. Dieser Plan scheiterte jedoch, weil Grünstein kein Geld mitnahm und verlangte, daß das Geschäft in der Baracke des Judenlagers erfolge.

So wurde das Päckchen mit den Goldplättchen – es waren nur Bleiplättchen darin –, das tatsächlich von Cieplak auf dem Flugplatz versteckt worden war, ins Lager mitgenommen. Dort brachte Grünstein das Geld und wollte dafür die Goldplättchen in Empfang nehmen. Cieplak und Böhme zogen fast gleichzeitig ihre Waffen, als sie das Geld sahen und forderten seine Herausgabe.

Im Barackenraum waren außer Grünstein noch zwei weitere Juden anwesend. Als die Herausgabe des Geldes trotz Drohens mit der Schußwaffe verweigert wurde, schoß Cieplak auf den einen Juden, worauf die anderen beiden unter den Betten Deckung suchten. Cieplak und Böhme schossen dann wild um sich und flüchteten, ohne etwas geraubt zu haben, weil durch die Schüsse das ganze Lager rebellisch geworden war. Nach der Ballerei war Grünstein tot, ein zweiter Jude schwer verletzt. Cieplak erklärte wörtlich dazu: *»Wenn sie mir das Geld gegeben hätten, könnten sie heute noch leben, denn dann hätte ich auch nicht geschossen. Bei mir geht das schnell, ein Schuß, ein Mann.«*

Den Mord an dem Schwarzmarkthändler Hohn gab Cieplak indes nicht zu. Er bestritt, mit diesem Mann in den Wald gefahren zu sein. Die weitere Aufklärungsarbeit der Mordkommission wurde dadurch gehemmt, daß das britische Militärgericht auf eine schnelle Verhandlung drängte. Zur Verhandlung kam also nur der Doppelmord an den beiden jüdischen Kaufleuten Bart und Rosner – am 25. Juni 1948 in St. Pauli.

Die Raubmorde an dem Kantinenwirt Gutesa und dem jüdischen Kaufmann Grünstein wurden bei der Verhandlung nicht erwähnt. Das britische Gericht vertrat die Ansicht, daß der Angeklagte Cieplak nur einmal gehenkt werden könne. Cieplak wurde mit dem traditionellen Richterspruch verurteilt: *»Sie werden am Halse aufgehängt, solange bis Sie tot sind!«*

Die weitere Aufklärungsarbeit des Frankfurter Raubmordes an dem jüdischen Kaufmann Grünstein gestaltete sich schwierig. Hans Böhme wurde erst in Hamburg im Gefängnis ermittelt, als der Kripo für dessen Personenstrafakte die bevorstehende Entlassung nach Strafverbüßung mitgeteilt wurde. Die Verlobte des Hans Böhme war inzwischen verstorben.

Nach der Darstellung der beiden Juden, die Augenzeugen des Mordes an Grünstein gewesen waren, war es offenbar Böhme gewesen, der den Juden erschossen hatte. Eindeutige Beweise dafür fehlten, da die Tatwaffen nicht mehr vorhanden waren und Cieplak nicht mehr lebte.

Hans Böhme wurde vom Schwurgericht in Frankfurt wegen Mittäterschaft bei einem Raubmord zu lebenslänglichem Zuchthaus verurteilt. Im Sommer des Jahres 1949, ein Jahr später, wurde im Wald bei Groß-Hansdorf das Skelett einer männlichen Leiche entdeckt. Aus den Überresten der zum Teil vermoderten Kleidung und dem Tascheninhalt konnte in dem Skelett der Schwarzhändler Hohn festgestellt werden, der durch einen Kopfschuß getötet worden war.

Über die Täterschaft bestand für die Hamburger Mordkommission kein Zweifel. Dieser Mord konnte mit dem Auffinden der Leiche als aufgeklärt bezeichnet werden. Die Tathülse und das Geschoß konnten trotz eifrigster Suche nicht gefunden werden. Sie wären – kriminalistisch betrachtet – für den Fall auch wertlos gewesen, da die Tatwaffe nicht vorhanden war. Die Zeugenaussagen ließen indes keinen Zweifel aufkommen, daß Cieplak mit Hohn kurz vor dessen Verschwinden in den Wald gefahren war. Es stellte sich bei den Ermittlungen außerdem heraus, dass beide für diese Fahrt kein Taxi (wie im ersten Fall mit dem Geldwarenhändler), sondern die Hochbahn benutzt hatten. Dieses hatte Cieplak wohlberechnend getan, denn ein Taxifahrer hätte belastende Aussagen machen können. Auch mit dem Kantinenwirt war Cieplak mit der Hochbahn in den Wald gefahren.

Die drei Freunde aber wurden nach der Ermittlung des Cieplak als Täter aus der Untersuchungshaft entlassen. Eine Anklage wurde gegen sie nicht erhoben. Nachdem der Wohnungsinhaber, der für den Doppelraubmord seinen Kellerraum zur Verfügung gestellt hatte, noch einmal als Wechselfallenschwindler auf frischer Tat ertappt worden war und eine zweijährige Gefängnisstrafe abgesessen hatte, verstarb er. Seine beiden Freunde Alex und Karl trieben sich weiterhin als Bauernfänger und Falschspieler in St. Pauli herum.

Doch: Fünf gemeine Raubmorde waren aufgeklärt und hatten ihre Sühne gefunden.

DER MÖRDER VOM HABICHTSWALD

DER FALL OSCAR VAN DER VLOET
1948

»Das ist die Pistole, mit der ich mich selbst erschossen habe.«

Am 5. August 1948 erstattete eine 26jährige Sprechstundenhilfe auf einem Polizeirevier in Kassel eine recht phantastisch klingende Anzeige. Die Frau gab an, daß sie vor zwei Tagen mit ihrem Freund Jan Fross, einem Soldaten der dort stationierten polnischen Wachkompanie, einen abendlichen Spaziergang im Habichtswald, unmittelbar am Stadtrand, unternommen habe. Um sich auszuruhen, habe sie sich mit ihrem Begleiter auf dem Rasen einer Lichtung niedergelassen und sich dort mit ihm unterhalten.

Plötzlich habe sie ein Rascheln im Grase gehört und, als sie aufsah, einen Mann erblickt, der wenige Meter vor ihnen gestanden und mit erhobener Pistole auf ihren Begleiter gezielt habe. Im selben Augenblick sei ein Schuß gefallen und ihr Begleiter stöhnend zurückgesunken. Der Pistolenschütze, ein etwa 25jähriger Mann, habe sie ergriffen und in den Wald gezogen. Als sie um Hilfe rief, habe der Täter ihr die Pistole auf den Mund gesetzt und mit sofortigem Erschießen gedroht, falls sie nicht augenblicklich ruhig sei.

Wie die Frau weiter angab, habe sie sich gänzlich entkleiden müssen. Der Mann habe sich wiederholt an ihr vergangen. Später habe sie ihm an die Stelle zurückfolgen müssen, wo der Überfall stattgefunden habe, doch sei der angeschossene Soldat nicht mehr auffindbar gewesen. Daraufhin habe der Täter sie gezwungen, mit ihm die Nacht im Aussichtsturm am Brasselsberg zu verbringen. Am nächsten Morgen habe er sich aus ihren Papieren den Namen und die Adresse notiert und sie dann an der Endstation der Straßenbahn am Stadtrand mit der Drohung laufen lassen, daß er sie in ihrer Wohnung aufsuchen und erschießen werde, falls sie die Polizei von dem Vorfall verständigen würde.

Die Frau begab sich völlig erschöpft und aufgelöst von ihren furchtbaren Erlebnissen in ihre Wohnung, schlief einige Stunden und verbrachte den Rest des Tages damit, ihren polnischen Freund in den Kasseler Krankenhäusern zu suchen. Dort war jedoch kein Patient mit einer Schußverletzung eingeliefert worden. Deshalb benachrichtigte sie am nächsten Vormittag die Polizei.

Wenn auch die Schilderung des Vorfalles zunächst befremdete und es sehr schwer verständlich war, daß die Frau einen ganzen Tag und eine Nacht hatte vergehen lassen, ehe sie sich an die Polizei wandte, so mußte doch auf ein Verbrechen geschlossen werden, da eine sofortige Rückfrage der Kripo bei der polnischen Wachkompanie ergab, daß der Soldat Jan Fross tatsächlich seit dem 3. August 1948 vermißt wurde.

Nach Erhalt dieser Mitteilung durch die Wachkompanie fuhren der Leiter der Mordkommission und mehrere amerikanische Kriminalbeamte in Begleitung der Anzeigeerstatterin in das Waldgelände am Stadtrand, das sie als Tatort bezeichnet hatte. Dort war es ihr nicht mehr möglich, sich zu orientieren und die Stelle zu zeigen, von der aus der unbekannte Täter den Schuß abgegeben hatte. Infolge der eintretenden Dunkelheit mußte die Suchaktion zunächst eingestellt und auf den nächsten Tag verschoben werden.

Am folgenden Morgen wurde die Suche unter Einsatz eines Fährtenhundes der Polizeihundestaffel fortgesetzt. Nach etwa einer Stunde wurde der Tatort gefunden, an dem noch eine große Blutlache sichtbar war. Der Polizeihund wurde angesetzt, verfolgte eine Blutspur, gab aber nach etwa 200 m die Suche auf. Da die Bodenbewachsung aus dichtem Gestrüpp bestand, ließ der Hundeführer den Polizeihund »stöbern«. Dies führte in kurzer Zeit zum Erfolg, denn schon nach wenigen »Schlägen« hatte der Hund den gesuchten Wachsoldaten gefunden. Er lag tot ausgestreckt auf dem Rücken, Kopf und Hals befanden sich in einer vertrockneten Blutlache. Der linke Unterarm des Toten wies oberhalb des Handgelenks eine kreisrunde Durchschußverletzung mit eingestülptem Wundrand auf.

Eine weitere Schußverletzung, ein Einschuß, befand sich am Hals links neben dem Kehlkopf. Ein Ausschuß konnte nicht festgestellt werden. Der Tote wurde anhand seiner

Ausweispapiere und nach den Angaben seiner Freundin einwandfrei als der polnische Wachsoldat Fross identifiziert.

Von der Leichenfundstelle führte eine dünne vertrocknete Blutspur zu der etwa 50 m entfernt gelegenen Stelle, wo der unbekannte Täter den polnischen Wachsoldaten niedergeschossen hatte. Da, wie in dem ärztlichen Sektionsprotokoll zum Ausdruck kam, die Schußverletzung nicht sofort zum Tode geführt hatte, sondern noch eine Handlungsfähigkeit von fünf bis zehn Minuten bestanden hatte, war es dem schwerverwundeten polnischen Wachsoldaten gelungen, sich vom Tatort bis zum Leichenfundort zu schleppen, wobei er die etwa 50 m lange Blutspur hinterlassen hatte. Der Mörder, der nach der ersten Vergewaltigung der Frau an den Tatort zurückgekehrt war, konnte daher sein Opfer nicht mehr an Ort und Stelle vorfinden und hatte wahrscheinlich wegen der bereits angebrochenen Dunkelheit, auch nicht versucht, es in der näheren Umgebung des Tatortes zu suchen.

Leichenfundort und Tatort wurden fotografiert und Skizzen davon angefertigt. Die verfeuerte Patronenhülse konnte trotz intensiver Suche am Tatort nicht gefunden werden.

Aufgrund der Tatbestandsaufnahme und unter Berücksichtigung der Aussagen der vergewaltigten Frau, wonach nur ein Schuß auf den polnischen Wachsoldaten abgegeben worden war, waren die Schußverletzungen des Fross nur so zu erklären (was sich später bei der Rekonstruktion der Tat als richtig erweisen sollte), daß der Soldat, der durch das Rascheln des Grases auf den heranschleichenden Mörder aufmerksam geworden war, sich instinktiv mit seiner linken Hand zu decken versuchte und in dieser Stellung von dem sich plötzlich aufrichtenden Täter angeschossen wurde. Die Kugel drang als Durchschuß durch den linken Unterarm in den Hals. Das Projektil wurde bei der späteren Obduktion in der Muskulatur des Schulterblattes gefunden. Es handelte sich um ein Geschoß einer 12 mm amerikanischen Selbstladepistole, das zum Zwecke der schußwaffentechnischen Untersuchung sichergestellt wurde.

Die inzwischen eingehend vernommene Sprechstundenhilfe gab als bemerkenswerte und ungewöhnliche Einzelheit an, daß ihr der Täter, nachdem er sich das erste Mal an ihr vergangen hatte, die Pistole in die Hand gab und sie aufforderte, ihn damit zu erschießen. Auf die Frage des vernehmenden Kriminalbeamten, warum sie dieses ungewöhnliche Verlangen des Täters nicht irgendwie ausgenutzt habe, um ihn zumindest unschädlich zu machen, erwiderte die Frau, daß sie es trotz des vorausgegangenen furchtbaren Erlebnisses nicht über sich habe bringen können, auf den Mann zu schießen.

Die Frau war aber imstande, eine ausführliche Personenbeschreibung des unbekannten Täters zu geben. Danach handelte es sich um einen schwächlich wirkenden jungen Mann von etwa 20–25 Jahren. Er sei etwa 1,65 m groß, habe ein schmal geschnittenes Gesicht, blaue Augen und blonde Haare mit einer Welle. Seine Bekleidung habe aus blauweißem Sporthemd, brauner, unten geschnürter Drillichhose mit vorn aufgesetzten Taschen und graubrauner Mütze bestanden. Besonders auffällig seien seine Schuhe, braune Halbschuhe mit dicker Kreppsohle und einer aufgesteppten dicken Längsnaht über der Schuhkappe gewesen. Sie erinnerte sich außerdem daran, daß der Griff der Pistole mit einem Isolierband umwickelt gewesen war.

Da der Mörder der Frau im Falle einer Anzeige bei der Polizei mit dem Erschießen gedroht hatte, wurde sie für eine Nacht in polizeiliche Schutzhaft genommen und vom nächsten Tage an ihre Wohnung unauffällig durch Kriminalbeamte überwacht.

Noch bevor die eingeleiteten Fahndungsmaßnahmen wirksam werden konnten, wurde zwei Tage nach dieser Vernehmung in dem gleichen Waldgelände ein neues Verbrechen unter ganz ähnlichen Tatumständen verübt.

In den frühen Morgenstunden des 9. August 1948 wurde der diensthabende Beamte des Kriminaldauerdienstes durch einen Wachtmeister des Polizeireviers – in dessen Bereich der polnische Wachsoldat ermordet worden war – telefonisch davon in Kenntnis gesetzt, daß soeben eine junge Frau auf dem Polizeirevier erschienen sei und angezeigt habe, daß auf sie und ihren Begleiter in den Abendstunden des vorangegangenen Tages ein Raubüberfall im Walde verübt worden sei. Ihr Begleiter liege noch mit einer schweren Schußverletzung im Wald.

Der diensthabende Kriminalbeamte alarmierte sofort die Mitglieder der Mordkommission und begab sich selbst unverzüglich mit einem Polizeiwagen zu dem Revier, von dem er die Meldung erhalten hatte. Da die Frau ihm keine genauen Angaben über den Tatort machen konnte, für den Verletzten aber angesichts seiner schweren Verwundung Lebensgefahr bestehen mußte, suchte der Kriminalbeamte gemeinsam mit zwei Beamten des Reviers und der Frau systematisch den Wald nach dem Verletzten ab.

Tatsächlich gelang es schon nach kurzer Zeit, den angeschossenen Begleiter der Frau zu finden. Er lag am Rande einer Waldwiese lang ausgestreckt auf dem Rücken. Seine Verletzung rührte offensichtlich von einem Brustschuß her, da sein Hemd an der Brustseite völlig blutdurchtränkt war. Er verhielt sich ruhig und war bei vollem Bewußtsein. Die erste Sorge mußte selbstverständlich dem Verletzten gelten, der mit dem Polizeikraftwagen sofort in das Städtische Krankenhaus gebracht wurde.

Beim Erscheinen der Beamten der Mordkommission befand sich der Verletzte bereits auf dem Transport ins Krankenhaus. Die Fundstelle des Verletzten war nicht zugleich der Tatort gewesen; der Angeschossene hatte sich nach Angaben seiner Begleiterin mit ihrer Hilfe noch etwa 10 m in den Wald hinein schleppen können. Die Frau konnte aber, nachdem sie sich von der Fundstelle aus orientiert hatte, den Tatort recht leicht wiederfinden. Er war unmittelbar am Waldrand auf einer Wiese neben einer zeltförmig aus dichten Zweigen und Laubgrün errichteten Notunterkunft. Das systematische Absuchen des Tatortes führte zum Fund einer Patronenhülse, einer graubraunen Mütze und eines Feuerzeuges, das die Frau sofort als Eigentum ihres Begleiters erkannte.

Die an Ort und Stelle von dem Leiter der Mordkommission vorgenommene kurze Befragung der 24jährigen Büroangestellten nach dem Aussehen und der Bekleidung des Täters ergab eine Beschreibung, die sich in allen Teilen mit den Angaben der Sprechstundenhilfe deckte. Ohne Zweifel kam als Täter für beide Verbrechen dieselbe Person in Frage.

Während die Büroangestellte zum Polizeipräsidium gebracht wurde, um dort eingehend über den Verlauf des Verbrechens vernommen zu werden, wurde eine Großfahndung nach dem Täter vom Habichtswald unternommen. Unter Einsatz von 200 Angehörigen der polnischen Wachkompanie, in der der ermordete Soldat gedient hatte, von 75 Schutzpolizeibeamten, neun Polizeihunden, sowie unter Beteiligung der Distriktsförster, der Militärpolizei und der amerikanischen und deutschen Kriminalbeamten wurde der Teil des Habichtswaldes, in dem die Verbrechen verübt worden waren, in weitem Kreise umstellt und systematisch durchkämmt.

Diese Suchaktion nach dem Täter verlief jedoch ergebnislos. Lediglich an einer Stelle, die etwa 100 m von dem Tatort des letzten Verbrechens entfernt war, wurden zwei mit Bonbons gefüllte Blechbüchsen gefunden. Da Anfang August in eine Erfrischungshalle der dortigen Gegend eingebrochen worden war, wurden die Büchsen dem Inhaber der Erfrischungshalle gezeigt, der sie als sein ihm gestohlenes Eigentum erkannte. Gleichzeitig wurde im Verlauf der Vernehmung der überfallenen Büroangestellten bekannt, daß der Täter ihr einige Bonbons dieser Sorte angeboten hatte, so daß die Vermutung bestand, daß der flüchtige Täter auch diesen Einbruch begangen hatte.

Der Raubüberfall hatte sich folgendermaßen zugetragen: Der Freund der Angestellten, der 24jährige Angestellte Heinrich Keppler, hatte mit ihr in den Nachmittagsstunden des 8. August einen Spaziergang im Habichtswald unternommen. Bei Einbruch der Dunkelheit befand sich das Paar auf dem Rückweg zur Endstation der Straßenbahn, um in die Stadt zurückzufahren. Als sie, einem Waldweg folgend, um eine Ecke bogen, kam ihnen ein Mann entgegen, der sofort eine Pistole aus der Tasche zog und mit der Mündung der Waffe auf ihren Freund zielte. In einer Entfernung von etwa 2 m blieb er vor ihnen stehen und drohte mit dem sofortigen Erschießen, falls sie um Hilfe rufen würden. Dann forderte er von ihnen Geld und Uhren und wies sie an, diese Sachen auf den Boden zu werfen.

Mit erhobener Pistole forderte er beide auf, sich umzuwenden, raffte dann die Wertsachen vom Boden auf und zwang die Überfallenen, vor ihm her zurück in den Wald zu gehen. Er trieb seine Opfer auf eine Waldwiese, gebot ihnen, sich am Waldrand niederzusetzen, und kauerte sich selbst einige Schritte vor ihnen nieder. Die Pistole hielt er dabei unentwegt im Anschlag. Er erlaubte Keppler, eine Zigarette zu rauchen, zündete sich ebenfalls eine an und stellte hierauf beiden über eine Stunde lang Fragen über ihr bisheriges Leben und besonders über ihr persönliches Verhältnis zueinander.

Im Verlauf dieser Unterhaltung war der Täter näher an seine Opfer herangerückt, so daß er sich ihnen bis auf etwa eineinhalb Meter genähert hatte. Ganz unvorhergesehen und ohne jede Veranlassung gab der Unbekannte plötzlich einen Schuß auf Keppler ab, so daß dieser stöhnend zurücksank. Der Täter sprang auf, ergriff die laut um Hilfe rufende Frau, setzte ihr die Pistole auf die Brust und zog sie auf die angrenzende Wiese. Hier zwang er sie, sich zu entkleiden, worauf er sie unter Drohungen mißbrauchte.

Nach etwa einer halben Stunde kehrte er mit ihr zu dem schwerverwundet am Boden liegenden Mann zurück. Obgleich dieser sich noch bewegte, begann er, höhnisch kommentierend *»Das Schwein lebt ja noch«*, die Taschen des Angeschossenen zu durchwühlen. In diesem Augenblick sprang Keppler auf, drang auf den Täter ein, fiel aber sofort wieder besinnungslos vornüber zu Boden. Der Täter wandte sich an die Frau, drohte ihr, sie später zu erschießen, wenn die Polizei von dem Überfall erfahren sollte und verschwand im Wald.

Die Frau gab ihre Absicht, nun sofort Hilfe zu holen, auf, da ihr Freund sie bat, ihn nicht allein im Wald liegen zu lassen. Erst in den ersten Morgenstunden des Folgetages ging sie, um Hilfe zu suchen, quer durch den Wald und kam an ein alleinstehendes Haus, dessen Bewohner sofort mit ihr zur nächsten Polizeistation gingen, von der aus die Kripo verständigt wurde.

Die öffentliche Bekanntgabe dieses neuen Verbrechens versetzte die Bevölkerung in erhebliche Unruhe, zumal die Öffentlichkeit durch Rundfunk und Presse davon unterrichtet worden war, daß ein aus der Tschechoslowakei geflüchteter Massenmörder (der Begriff Serienmörder war damals noch nicht gebräuchlich), der geistig nicht normal sei, die deutsche Grenze überschritten haben sollte. Die genaue Personenbeschreibung und die Beschreibung der Kleidung des Mörders vom Habichtswald, die wiederholt zum Zwecke der Mitfahndung an die Bevölkerung gegeben worden waren, führten zu einer Flut von Meldungen, wonach der Gesuchte gleichzeitig an den verschiedensten Orten gesehen worden sein sollte. Leider erwiesen sich aber alle Hinweise bei näherer Überprüfung als unbrauchbar.

Die kriminalpolizeilichen Fahndungsmaßnahmen wurden ununterbrochen fortgesetzt. Die Polizei- und Gendarmeriebeamten der angrenzenden Landkreise waren unterrichtet worden und besaßen eine genaue Personenbeschreibung des Gesuchten. Jede Nacht hielten sich Kriminalbeamte in den Bezirken des Habichtswaldes auf, um den Täter zu ergreifen. Auf Vorschlag des Polizeipräsidenten von Kassel, der persönlich, getarnt als harmloser Spaziergänger, auf der Suche nach dem Unbekannten das Waldgebiet durchstreifte, wurden als Frauen verkleidete Kriminalbeamte eingesetzt.

Am 11. August erbrachte die Anwendung all dieser Fahndungsmaßnahmen vollen Erfolg. In einem Dorf am Rande des Habichtswaldes wurde ein junger Mann, der in der Hauptstraße bettelnd von Haus zu Haus ging, von drei Monteuren einer Elektrizitätsgesellschaft an seinen Schuhen, deren besondere Ausführung mehrfach in der Öffentlichkeit bekanntgegeben worden war, als der gesuchte Mörder erkannt und nach heftiger Gegenwehr überwältigt und der Polizei übergeben. Bei seiner Festnahme trug er die Tatwaffe noch in seiner Tasche. Es war eine amerikanische Armeepistole mit gefülltem Magazin. Der Griff war mit Isolierband umwickelt, um die Griffsicherung auszuschalten. Somit war die Waffe jederzeit feuerbereit.

Nach den Angaben auf den Ausweispapieren handelte es sich bei dem Festgenommenen um den 20jährigen Mechaniker Oscar van der Vloet, einen holländischen Staatsangehörigen, der ohne feste Wohnung war. Er wurde sofort nach Kassel überführt und noch am selben Tag dem im Städtischen Krankenhaus liegenden überfallenen Heinrich Keppler, der sich inzwischen nicht mehr in Lebensgefahr befand, gegenübergestellt. Keppler erkannte in dem Festgenommenen den Täter wieder, der ihn beraubt und niedergeschossen hatte.

Die Nachricht von der Festnahme des Mörders verbreitete sich in derart kurzer Zeit, daß, als der Rundfunk am Abend die Meldung brachte, die meisten schon davon unterrichtet waren. Die Bevölkerung atmete auf, denn – besonders in den Randgebieten des Habichtswaldes – hatte sich kaum noch jemand bei Anbruch der Dunkelheit auf die Straße und in den Wald gewagt.

Ein tragisches Geschick wollte es, daß Hans Wicke, einer der an der Festnahme des Mörders maßgeblich beteiligten Monteure, auf der Heimfahrt im Beiwagen des Motorrades seines Sohnes wohl infolge der vorangegangenen Aufregung einen Herzschlag erlitt und so indirekt das dritte Opfer des Mörders wurde.

Mit besonders großem Interesse verfolgte die Öffentlichkeit den im Januar 1949 vor einem Militärgericht in Kassel durchgeführten Prozeß gegen Oscar van der Vloet, der als Holländer nicht von einem deutschen Gericht abgeurteilt werden konnte. Die Verhandlung, die in drei Sprachen,

Holländisch für den Angeklagten, Englisch für das Gericht und Deutsch für Zeugen und Zuhörer, geführt wurde, entrollte das Bild eines Menschen, der – noch als Kind von 14 Jahren –, während des Krieges aus dem holländischen Elternhaus verstoßen, nach Belgien und Frankreich ging und sich dort einer Untergrundbewegung angeschlossen hatte. Hier lernte er, daß ein Menschenleben wenig galt, und aus dieser Mentalität heraus wurde er zum brutalen und kaltblütigen Mörder.

Im Gefolge der alliierten Besatzungstruppen zog er als heimatloser Landsknecht durch die europäischen Länder, der von sich selber sagte, daß er kein Lebensziel habe. In Kassel lernte er ein junges Mädchen, seine spätere Braut kennen, die die Mutter eines Kindes wurde, dessen Vater er nicht war.

Mit unendlicher Geduld versuchte das Gericht, den verworrenen Gedankengängen des Angeklagten zu folgen und das Motiv für seine Taten zu ergründen. Er selbst sagte von sich, daß er unglücklich gewesen sei und es nicht habe ertragen können, andere Menschen glücklich zu sehen. So sei es zu diesen Taten gekommen.

Verstockt und ohne Anzeichen von Reue verfolgte er den Verlauf des Prozesses. Hatte er sich, kaugummikauend und keine Gefühlsregung zeigend, am Tatort seiner Verbrechen bei der Rekonstruierung völlig unbeteiligt verhalten und während des Prozesses einen Pressefotografen, der seine Kamera auf ihn richtete, gefragt, ob er lächeln solle, so war er sich doch darüber im klaren, daß es in diesem Prozeß um sein Leben ging. Aus dieser Erkenntnis heraus erklärte sich wohl auch seine Taktik, auf gewisse Fragen des Gerichts vollkommen sinnlose Antworten zu geben.

So antwortete er beispielsweise, als ihm die Tatwaffe gezeigt und er gefragt wurde, ob er sie kenne, mit den überraschenden Worten: *»Das ist die Pistole, mit der ich mich selbst erschossen habe.«*

Das Gutachten des medizinischen Sachverständigen, der den Angeklagten auf seinen Geisteszustand untersucht hatte, erklärte ihn jedoch für seine Taten voll verantwortlich. Der Psychiater bezeichnete die wiederholten unsinnigen Antworten van der Vloets als eine *»Flucht in die Unzurechnungsfähigkeit«*.

Das Gericht verhängte trotz Würdigung der von der Verteidigung vorgebrachten psychologischen und sozialen Momente gegen Oscar van der Vloet die Todesstrafe wegen Mordes an dem polnischen Wachmann Jan Fross. Es erkannte außerdem auf 15 Jahre Zuchthaus wegen versuchten Mordes an dem Deutschen Heinrich Keppler, auf 15 Jahre Zuchthaus wegen Notzucht in zwei Fällen und auf 10 Jahre Zuchthaus wegen verbotenen Waffenbesitzes.

DIE HAMBURGER TAXIMORDE

DER FALL WLADYSLAW MUSOR/ STEFAN HERUS UND ALEXANDER SCHEWZOW 1949

Leiche des ermordeten Kraftdroschkenfahrers Wilhelm Lange und der von ihm gefahrene Wagen auf dem Ehestorferweg.

»Jetzt trinken wir auf den Alten!«

Am 5. September 1949 gegen drei Uhr nachts wurde der 66jährige Taxifahrer Wilhelm Lange am Ehestorferweg in Hamburg-Harburg tot aufgefunden. Er lag am Rande des Weges in einem abgeernteten Haferfeld. Um den Hals des Getöteten war eine Telefonkabelschnur, die doppelt gelegt war, geschlungen und fest zugezogen. Die Schlinge war im Nacken verknotet. Die Sektion ergab, daß der Tod durch Erdrosselung eingetreten war.

Auf dem Ehestorferweg stand Langes Taxi quer zur Fahrbahn. Von dem Fahrzeug bis zur Leiche war eine 5 m lange Schleifspur sichtbar. Hinter dem linken Hinterrad befanden sich Wendespuren. Im Wagen lag eine Schlinge der gleichen Art, wie sie der Tote um den Hals trug. Rechts neben dem Taxi lag auf der Fahrbahn eine Zigarettenspitze. Im losen Sandboden des Gehweges befanden sich zwei deutlich sichtbare Sohlenmuster eines geriffelten Schuhes, die offenbar von einer Kreppsohle herrührten.

Die Personalpapiere des Getöteten wurden in der Nähe des Tatortes zerrissen vorgefunden. Dem Opfer fehlten nach Angabe der Angehörigen eine schwarze Lederbrieftasche, eine silberne Taschenuhr mit goldener Dubleenkette und einem goldenen viereckigen Anhänger sowie Bargeld, dessen genaue Höhe nicht ermittelt werden konnte.

Nur wenige Tage später, am 8. September 1949, stieß man frühmorgens auf der Straßengabel Hindenburgdamm – Tangstedterstraße in Pinneberg auf eine weitere Taxe, in deren hinterem Teil der Chauffeur Andreas Frank tot lag. Unter dem linken Unterkieferwinkel, der linken Wange und Halsseite des Toten befanden sich Würgemale, ebenso auf der rechten Wangenseite. Tief im Mund steckte ein Taschentuch, das offensichtlich als Tuchknebel benutzt worden war. Hinter dem Knebel saß eine verrutschte Zahnprothese, die fast im Racheneingang klemmte und zweifellos den Atemweg versperrt hatte. Die Batterie der Taxe war leer. Geraubt waren eine Brieftasche, eine silberne Herrentaschenuhr, ein Taschenfeuerzeug, ein Taschenmesser und das Fahrgeld des Fahrers.

Lautstarke Empörung, Angst und Schrecken verbreiteten sich nun unter der Bevölkerung. Wer mochten die grausamen Mörder sein? Noch bevor diese Frage beantwortet werden konnte, wurde die Taxe des Erwin Brasch – am

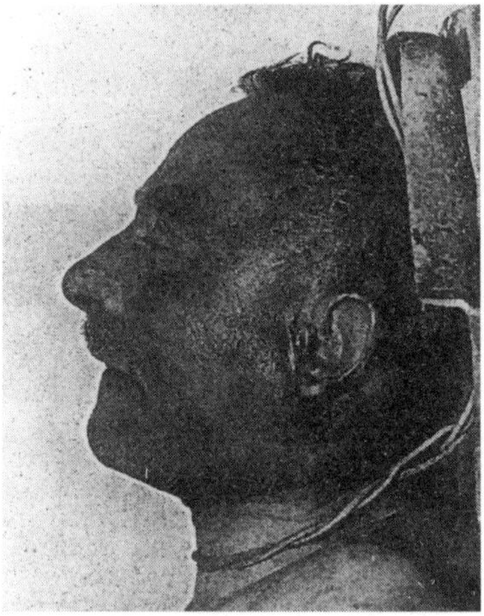

Der ermordete Taxifahrer Lange.

17. September 1949 kurz nach Mitternacht – am Hamburger Stephansplatz zu einer Fahrt nach der Jungiusstraße 17 von einem Fahrgast gemietet, der nur gebrochen deutsch sprach. Als der Wagen vor der angegebenen Adresse hielt, trat ein Mann heran, der dem Fahrer eine Pistole vorhielt und Geld forderte. Der im Wageninneren sitzende Fahrgast versuchte, den Taxifahrer nach hinten zu ziehen. Es gelang diesem jedoch, die entgegengesetzte Tür des Wagens zu öffnen und aus dem Auto zu springen. Auf seine Hilferufe hin wurden im Hause Jungiusstraße 17 Stimmen laut. Die Täter ergriffen daraufhin die Flucht in Richtung des »Zoo-Camps«.

Obwohl die Tatausführung in allen drei Fällen verschieden war, tauchte schon rasch der Verdacht auf, daß es sich um die gleichen Täter handeln müsse, weil die Opfer stets Taxifahrer gewesen waren.

Eine Großrazzia im Ausländerlager »Zoo-Camp« führte zur Auffindung der Pistole, die im Falle Brasch zur Tat benutzt worden war. Als kurze Zeit später auch die Uhr des Taxifahrers Lange im Lager gefunden und festgestellt wurde, daß der Pole Wladyslaw Musor diese vor einigen Tagen für 13 DM an einen Lagerinsassen verkauft hatte, um dafür Schnaps zu besorgen, verdichtete sich der Verdacht gegen diesen Mann.

Um von sich abzulenken, erstattete Musor zunächst von sich aus bei der Polizei Anzeige, wobei er den Besitzer der von der Polizei gefundenen Pistole zu kennen vorgab. Die diesbezüglichen Ermittlungen verliefen zwar negativ, führten aber zu der Feststellung, daß der Pole versucht hatte, Zeugen durch Drohungen zu falschen Aussagen zu verleiten. Belastet werden sollte der von ihm bezeichnete Besitzer der Pistole. Er mußte später zugeben, daß er die Pistole von einem anderen Polen – der inzwischen ausgewandert war – bekommen und während der Tatzeit besessen hatte.

In gleicher Weise versuchte Musor, die Mordkommission auch bezüglich der gefundenen Uhr mit Kette und Anhänger, die er Lange abgenommen hatte, irrezuführen.

Hamburg St. Pauli – Spielbudenplatz.

In seiner ersten Vernehmung erklärte er, die Uhr gehöre einem gewissen »Alex«, der plötzlich im Ausländerlager aufgetaucht sei.

Nach Überprüfung sämtlicher Ausländer mit dem Vornamen Alex, die im August aus der Strafhaft entlassen worden waren, richtete sich der Verdacht gegen den Russen Alexander Schewzow. Als Musor ein Lichtbild Schewzows vorgelegt wurde, erklärte er, daß dieser nicht mit dem von ihm erwähnten Alex identisch sei. Trotzdem wurden gegen Schewzow Fahndungsmaßnahmen eingeleitet. Durch einen Brief, den Schewzow an eine seiner Hamburger Freundinnen schrieb, konnte sein Aufenthaltsort ermittelt werden, und so wurde schließlich auch dieser Mann festgenommen.

Im Zuge weiterer Ermittlungen stellte man bei der Überprüfung des Schuhmaterials im »Zoo-Camp« fest, daß der am Tatort zum Fall Lange vorgefundene und durch Fotografie sichergestellte Schuhabdruck mit der Gummisohle der rechten Sandale identisch war, die bei Musor sichergestellt worden war. Der Pole gab nun zu, daß es seine Sandalen seien, bestritt aber noch immer, die Tat begangen zu haben. Er behauptete, die Schuhe könne jeder aus dem Lager getragen haben, da sie sich in seiner Baracke unter dem Bett befanden.

In zahlreichen Vernehmungen gab Musor immer wieder neue Darstellungen seines Aufenthaltes zu den Tatzeiten, wenn die Alibiüberprüfung negativ verlief. Ganz offensichtlich verfolgte er die Taktik, durch stets neue Behauptungen den Sachverhalt zu verwirren.

Da auch diese Manöver fehlschlugen, bezeichnete Musor schließlich zwei andere Landsleute als Täter im Mordfall Lange. Einer von diesen war ein zum Tode verurteilter mehrfacher Raubmörder, der wegen seines jugendlichen Alters zu 20 Jahren Zuchthaus begnadigt worden und aus der

Haftanstalt ausgebrochen war. Die Ermittlungen ergaben jedoch die völlige Haltlosigkeit dieser Anschuldigung. Der entsprungene Raubmörder war nach Breslau geflüchtet und hatte von dort aus eine Karte an die Strafanstalt geschrieben. Der andere verdächtige Pole war gar nach Australien ausgewandert.

Auch Schewzow bestritt in den ersten Vernehmungen die Mordtaten. Während aber Musor fließend deutsch sprach, war es bei ihm erforderlich, einen Dolmetscher hinzuzuziehen. Die Vernehmungen gestalteten sich sehr schwierig. Überraschungsfragen konnten nicht gestellt werden. Meistens verstand der Beschuldigte schon die an den Dolmetscher gestellte Frage und hatte genügend Zeit zum Überlegen, während der Dolmetscher die gleiche Frage in Übersetzung wiedergab. Erst als ein Beamter der Mordkommission hinzugezogen wurde, der nicht nur fließend polnisch sprach, sondern schon einmal als Sachbearbeiter im Fall Schewzow (damals Raubmordversuch) gewesen war und ihn entsprechend persönlich kannte, hatte man Erfolg.

Bei der Vorführung zur Vernehmung erkannte Schewzow diesen Beamten sofort wieder und begrüßte ihn mit einem freundlichen Lächeln. Nach etwa dreistündiger Unterredung legte er überraschend ein Geständnis ab. Er schilderte, ohne daß ihm Zwischenfragen gestellt wurden, den Raubmord an Lange, den er zusammen mit Musor begangen hatte.

Nach diesem Geständnis wurde Schewzow befragt, ob er nicht auch sein Gewissen zu dem Mord an dem Taxifahrer Frank erleichtern wolle. Ohne zu zögern gab er daraufhin auch dieses Verbrechen zu. Nur sollte an diesem Mord noch ein dritter Mann, nämlich der Ukrainer Stefan Herus, beteiligt gewesen sein.

Hamburg-Altona bei Nacht. Große Freiheit.

Als Schewzow gefragt wurde, ob er noch bei dem Raubüberfall an Brasch mitgemacht habe, wurde er erstmals ungehalten, weshalb die Vernehmung schließlich abgebrochen werden mußte.

Bei der tags darauf erfolgten Gegenüberstellung zwischen Schewzow und Musor machten sich die beiden Männer zunächst gegenseitig heftige Vorwürfe. Dann bequemte sich Musor zu einem Geständnis.

Die Festnahme des Ukrainers erfolgte aufgrund der eingeleiteten Fahndungsmaßnahmen am 10. Dezember 1949 in Lübeck. Stefan Herus bestritt anfangs die Teilnahme am Mord an dem Taxifahrer Frank. Nach einer Gegenüberstellung mit Schewzow legte er jedoch sofort ein Geständnis ab.

Demnach hatte sich der Mord an Lange wie folgt abgespielt: Musor hatte sich mit Schewzow zu einem Raubüberfall auf einen Taxifahrer verabredet. Zu diesem Zweck nahm er von dem an seiner Wohnbaracke angebrachten

Telefondraht zwei etwa 2 m lange Stücke und händigte eines davon Schewzow aus. Beide fertigten daraus Schlingen, die sie in ihre Taschen steckten. Auf dem Wege zum nächsten Taxistandplatz erklärte Musor dem Schewzow, wie er die Tat auszuführen gedachte. Er selbst wollte während der Fahrt dem Fahrer von hinten die Schlinge über den Kopf werfen und zuziehen, während Schewzow sofort das Lenkrad des Wagens ergreifen sollte, um einen Unfall zu verhindern. Danach mietete Musor ein Taxi.

Die geplante Tat kam aber nicht zur Ausführung, weil der Fahrer in eine Straße geriet, die durch Reparaturarbeiten aufgerissen war, und gerade unter einer Straßenlaterne hielt. Beide mußten unverrichteter Dinge aussteigen und Musor die Fahrt bezahlen. Also nahmen sie ein anderes Taxi. Musor verlangte nun eine Fahrt nach Hamburg-Harburg. Der Fahrer wollte wegen der vorgerückten Zeit zunächst nicht mehr so weit fahren, aber Musor wußte ihn zu überreden.

Nachdem sie das Stadtgebiet durchfahren hatten, dirigierte Musor den Fahrer in den Ehestorferweg, der durch dichten Baumbestand ziemlich dunkel war. Nach einer kurzen Strecke weigerte sich der Chauffeur weiterzufahren und wendete. Bei diesem Manöver auf dem schmalen Weg wurde jedoch der Motor abgedrosselt und der Wagen blieb quer zur Fahrbahn stehen. Musor warf jetzt dem Fahrer die Schlinge über den Kopf, zog sie zu und schleifte ihn aus dem Auto hinaus über den Gehweg auf ein abgeerntetes Haferfeld.

Nachdem ihm Geld und Wertsachen entwendet worden waren, versuchten die beiden Männer, mit dem Taxi nach Hamburg zurückzufahren. Sie brachten jedoch den Wagen nicht in Gang, gingen deshalb zu Fuß bis zum Harburger Bahnhof und mieteten dort ein Taxi nach Hamburg, das

Musor von dem geraubten Geld bezahlte. Diese Darstellung deckte sich in jeder Beziehung mit dem Tatortbefund, mit den Aussagen der vernommenen Zeugen und dem Ergebnis der Leichensektion. Bei einer Wahlgegenüberstellung wurden die beiden Mörder von dem Fahrer des zuerst gemieteten Taxis wiedererkannt, der auch bestätigte, daß er für die Fahrt 17 DM erhalten hatte.

Musor widerrief bei der Hauptverhandlung sein Geständnis, wurde aber als überführt angesehen, weil er Angaben gemacht hatte, die Schewzow nicht erwähnt und später als zutreffend bestätigt hatte. Ferner hatte er selbst eine Tatortskizze angefertigt, aus der insbesondere die Stellung des Wagens auf der Straße erkenntlich wurde und die den Aufnahmen und der Tatortskizze in der Lichtbildmappe der Akten entsprach.

Zu Musor und Schewzow gesellte sich kurze Zeit später noch der begnadigte Doppelmörder Herus. Das teuflische Trio einigte sich, einen Taxifahrer gemeinsam zu ermorden und zu berauben. Musor äußerte dabei den Gedanken, daß es gut wäre, ein Mädchen mitzunehmen, weil die Fahrer dann eher geneigt seien, eine Fahrt spät nachts durchzuführen. Herus schlug vor, er wolle sich selbst Mädchenkleider anziehen. Die Ausführung des Planes scheiterte jedoch mangels günstiger Gelegenheit, obwohl sie mehrere Fahrten unternahmen.

Alle drei gingen nun ins Lager zurück und Herus zog die Mädchenkleider wieder aus. Am Bahnhof Altona mieteten sie das Taxi des Fahrers Frank. Als der Wagen in Othmarschen an einer dunklen Stelle in der Nähe einer Straßenkreuzung hielt, weil Musor angeblich austreten wollte, ergriffen Schewzow und Herus von hinten den Fahrer, stopften ihm ein Taschentuch als Knebel in den Mund und würgten ihn so lange mit den Händen, bis er erstickte. Mit der Leiche

Hamburg Landungsbrücken, Postkarte, 1949.

Hamburg Landungsbrücken, Postkarte, 1949.

fuhren sie anschließend nach Pinneberg, wo sie den Wagen einfach an einer Straßenkreuzung abstellten.

Die Beute betrug 36 DM, von denen Schewzow und Herus jeweils 10 DM erhielten, während Musor die restlichen 16 DM behielt. Zu Fuß begaben sich alle drei wieder ins Lager. Geld und Uhr des unglücklichen Opfers wurden sogleich in Schnaps umgesetzt. Bei dem Trinkgelage brachte Musor sogar einen Trinkspruch auf den ermordeten Chauffeur aus, indem er rief: *»Teraz pijemy za starego!«* (*»Jetzt trinken wir auf den Alten!«*).

Im Mordfall Frank blieben alle drei Täter bei ihren Geständnissen, die durch die Zeugenaussagen der beiden Freundinnen des Musor (von denen eine ihre Kleider Herus geliehen, die andere die ganze Nacht in Musors Bett gelegen hatte und in den frühen Morgenstunden alle drei zusammen ankommen sah) bekräftigt wurden.

Die Obduktion der Leiche ergab, daß der Tod durch Ersticken infolge Hineinpressens eines Taschentuches und der Zahnprothese gegen den Schlund eingetreten war. Die Verletzungsspuren am Halse und die Würgemale wiesen eindeutig auf Gewalteinwirkung hin.

Der Überfall Brasch hatte sich nach den Aussagen der Täter und den Bekundungen der dazu vernommenen Zeugen so abgespielt, wie ihn der Betroffene selbst geschildert hatte. Auf der Flucht warf Schewzow die Pistole weg, die bei der Großrazzia im »Zoo-Camp« gefunden und sichergestellt wurde. Sie war noch geladen und entsichert. Auch die Taxifahrer vom Gänsemarkt, die am Abend des Überfalles auf Brasch die Fahrt, die Musor wünschte, abgelehnt hatten, erkannten den Polen bei einer Wahlgegenüberstellung einwandfrei wieder.

Was waren das für Männer, die derart kaltblütig Morde begangen hatten? Alle drei konnten auf eine bewegte Vergangenheit zurückblicken. Herus hatte bereits im Jahre 1945 einen Doppelraubmord begangen und war vom britischen Militärgericht zum Tode verurteilt worden. Nachdem er erklärt hatte, daß er zur Zeit der Tat noch jugendlich gewesen sei – das Gegenteil konnte ihm nicht nachgewiesen werden, da sich sein Geburtsort in Rußland befand –, wurde die Todesstrafe in eine Freiheitsstrafe von 20 Jahren umgewandelt. Mit dem Gebetbuch und dem Rosenkranz in der Hand verstand er es anschließend, das Mitleid einer britischen Rote-Kreuz-Schwester zu erregen, die ein Gnadengesuch für ihn einreichte und eine Begnadigung auf nur fünf Jahre (!) erwirkte. Wenige Wochen nach seiner Entlassung aus der Haftanstalt war er an den Hamburger Taximorden beteiligt.

Auch Schewzow war kein unbeschriebenes Blatt. Er hatte wegen Mordversuchs an einer Dirne eingesessen. Lediglich Musor konnte in seiner Vergangenheit kein Kapitalverbrechen nachgewiesen werden. Dennoch rühmte er sich unter seinesgleichen, in früheren Jahren den Kapitän eines französischen Schiffes über Bord geworfen zu haben – wofür er mit acht Monaten Gefängnis bestraft gewesen sein wollte.

Das Urteil war mit Spannung erwartet worden. Wladyslaw Musor und Alexander Schewzow wurden nach dem aufsehenerregenden Prozeß zu je zweimal lebenslänglich und 15 Jahren Zuchthaus, Stefan Herus zu einmal lebenslänglich Zuchthaus verurteilt. Am Schluß der Schwurgerichtsverhandlung führte Dr. Schmarje, der vorsitzende Landgerichtsdirektor, in der Begründung des mit Spannung erwarteten Urteils Folgendes aus:

»Dieses Endergebnis befriedigt in keiner Weise. Nicht nur die unmittelbar von dem Verbrechen Betroffenen, sondern ganz Hamburg und darüberhinaus das ganze

deutsche Volk fordern als einzig mögliche Sühne die Todesstrafe.

Der Gedanke, daß diesen heimtückischen Raubmördern auf Staatskosten bei korrekter Behandlung und guter Verpflegung ein erträgliches Leben garantiert sein soll, während ihre Opfer längst ausgelöscht sind, ist unerträglich. Artikel 102 des Bonner Grundgesetzes verbietet die Anwendung der Todesstrafe. Das Schwurgericht ist, wenn es sich nicht dem Vorwurf der Rechtsbeugung aussetzen will, daran gebunden. Es kann nur die Hoffnung aussprechen, daß die verantwortlichen Stellen sich die Akten dieses Prozesses beschaffen, um den Artikel 102 zu revidieren ...«

Die Befürchtungen Dr. Schmarjes sollten sich leider als begründet erweisen. Am 16. Juni 1956 wurden die drei Mörder in ihre Heimat entlassen. Nach den Meldungen der Tageszeitungen und illustrierten Presseberichte wurden sie an der Zonengrenze bei Helmstedt von einem russischen Offizier mit Wein, Kaffee und Kuchen als »heimgekehrte Söhne« empfangen ...

DER WÜRGER MIT DEM FAHRRAD

DER FALL BERNHARD PRIGAN
1949–1952

»Verzeih mir, denn ich wollte Dich nicht töten.«

Etwa 25 km südlich von Mannheim liegen die beiden Orte Neulußheim und Altlußheim. An der Verbindungsstraße stand früher ein größeres Transformatorenhaus, hinter dem spielende Kinder am Sonntag, dem 2. November 1952, kurz nach Mittag, eine weibliche Leiche fanden. Nach kurzer Besichtigung stellte der von den Eltern der Kinder alarmierte Polizeibeamte fest, daß hier ein Sexualmord vorlag, verständigte die Mordkommission und die Staatsanwaltschaft und sperrte den Fundort in seiner weiteren Umgebung ab.

Den Ermittlungsbeamten bot sich ein grauenvolles Bild: Die entkleidete Leiche lag auf dem Rücken und war schrecklich zugerichtet. Unter dem linken Oberschenkel, nahe der Kniekehle, fand sich ein halber Laib frischen Brotes. Dieser war mangelhaft in einer grauen Papiertüte verpackt. An der Kruste des Brotes fanden sich rote Wollfasern, die den sicheren Schluß zuließen, daß sie von einem Kleidungsstück des Täters stammten. Beide Mittelfingerknöchel und die Ringfinger der Leiche zeigten tiefergehende, nicht blutende Hautabschürfungen. Von den Fingern der linken Hand wurden einige Stoff-Fasern gesichert; ebenso der Schmutz der Fingernägel. Das Gesicht und die Augenpartien der Leiche waren angeschwollen. Quer über die Vorderseite des Halses verliefen parallelle Streifen, die bei der ersten Besichtigung nicht näher zu identifizieren waren.

Der Sachlage nach war es nicht auszuschließen, daß es sich um Würgespuren handelte, was durch die spätere gerichtsmedizinische Untersuchung bestätigt wurde. Dunkle Hautflecken an der Innenseite der Oberschenkel deuteten auf Blutunterlaufungen hin, während glänzende Stellen am rechten Oberschenkel offenbar von Sperma stammten. Links und rechts der Leiche, etwa in Höhe der Knie, fanden sich im Grasboden runde Vertiefungen. Hier mußte der Täter mit gespreizten Oberschenkeln über der Leiche gekniet haben, zumal seitlich der Fußenden der Leiche Gras und die Erde deutliche Spuren von Fußspitzen aufwiesen.

Entlang des Zaunes, mit dem die Hinterfront der Transformatorenstation eingefriedet war, waren mehrere Kampfplätze recht gut zu erkennen. Ganz nahe am Zaun lag der linke Schuh der Ermordeten. Den Spuren nach zu urteilen, hatte der grausame Täter sein Fahrrad am Transformatorhäuschen abgestellt, sein Opfer überfallen und entlang des Zauns hinter das Gebäude geschleppt, wo er es dann getötet hatte. Am Fundort, der mit Sicherheit zugleich auch der Tatort war, hatte der Täter der Bewußtlosen sämtliche Kleider vom Leib gerissen, sie weiter gewürgt und dann vermutlich vergewaltigt.

Eine Spurensuche in der weiteren Umgebung brachte keine neuen Hinweise. Die Tote konnte schnell identifiziert werden, obwohl sie keine Ausweispapiere bei sich trug. Es handelte sich um die ledige achtzehnjährige Wilma Sulzer, eine Schneiderin aus Altlußheim. Sie war am Vorabend zum Bahnhof Neulußheim gegangen und hatte dort ihren Freund vom Zug abgeholt. Mit diesem besuchte sie anschließend ein Tanzlokal. Der Freund wohnte in Schwetzingen, fuhr täglich zur Arbeit nach Karlsruhe und stieg auf der Rückfahrt gelegentlich in Neulußheim aus, um sich mit dem Mädchen zu treffen. In der Mordnacht waren beide bis etwa 00.30 Uhr aus gewesen.

Wilma begleitete ihn nachweislich zum Zug, der um 00.46 Uhr abfuhr und wollte dann nach Altlußheim zurückgehen. Der vorläufig festgenommene Freund wurde schnell wieder auf freien Fuß gesetzt. Zum einen konnte er sein Alibi einwandfrei nachweisen, zum anderen durfte man ihn auch aus anderen Gründen als Täter ausschließen. Die Tatumstände in ihrer Gesamtheit, besonders aber der vorgefundene Brotlaib, ließen den Schluß zu, daß der Täter unter Landstreichern oder Fahrenden zu suchen sei.

Nun wurden in einem Schaufenster Brotlaib und Papiertüte ausgestellt und die Bevölkerung der näheren Umgebung zu intensiver Mitarbeit aufgefordert. Aus einer Viel-

Der Würger mit seinem Fahrrad.

zahl von Hinweisen kristallisierte sich bald der Verdacht gegen einen jüngeren Mann mit Fahrrad heraus, der am Vorabend und noch in der Nacht in Neulußheim eine Anzahl von Frauen und Mädchen angesprochen und einige davon grob und schamverletzend berührt hatte. Eines der Mädchen hatte er bis zu dessen Haus begleitet. Im Hofe hatte er es an beiden Armen gepackt und ihm diese auf den Rücken gebogen, um zu seinem unzweideutigen Ziel zu kommen. Als die Überfallene laut geschrien und den Hofhund gerufen hatte, war der Unbekannte auf seinem Fahrrad geflüchtet.

Die Täterbeschreibung durch die belästigten Frauen und Mädchen und durch andere Zeugen lautete ziemlich übereinstimmend: *»Etwa 1,68 bis 1,74 m groß, zwischen 23 und 28 Jahre alt, breite, kräftige Gestalt, ovales Gesicht mit blasser ungepflegter Haut, bogenförmige Narbe oder Rötung vom rechten Nasenflügel zum rechten Mundwinkel, dichtes langes blondes Haar.«*

Der Unbekannte sollte Skihosen, eine lange dunkelblaue Manchesterjacke, einen Rundgürtel mit einem Doppelringverschluß, einen offenen Hemdkragen, einen blutroten Stoff- oder Wollschal, dessen Enden kreuzweise über der Brust lagen, getragen haben, ferner ein weißes gestricktes Stirnband mit Kreuzbändern und Ohrenklappen. Er führte ein ziemlich neues Herrenfahrrad bei sich, mit tachometerähnlichem Instrument am Lenker und einem dreieckigen roten Fahrradwimpel mit weißem Kreuz. Auf dem Gepäckständer über dem Hinterrad hatte er einen Rucksack und eine Aktentasche befestigt.

Inzwischen meldete sich die Inhaberin eines Lebensmittelgeschäftes aus der Nachbarstadt Hockenheim, die einem solchen Mann am Vortage einen halben Brotlaib verkauft und in einer grauen Papiertüte verpackt hatte. Selbst der

Bäckermeister, der die Händlerin mit Brot belieferte, erkannte das Brot an der Art der Stupflöcher als seine Arbeit wieder. Damit war der Ring der Indizienkette erst einmal geschlossen.

Die Personenbeschreibung paßte genau auf einen Verdächtigen, der am 30. Oktober 1952, gegen 17.30 Uhr, auf der Bundesstraße 9 zwischen Bacharach am Rhein und Oberwesel ein zwölfjähriges Mädchen nach kurzem Gespräch auf einen Seitenweg gelockt, am Halse gewürgt und dann vergewaltigt hatte. Dieses Verbrechen war der benachbarten Dienstsstelle durch eine schnell übermittelte Sammelfahndung der Landespolizei-Kriminalabteilung Ludwigshafen bereits am 3. November bekannt geworden.

Aufgrund des nunmehr zwingenden Tatverdachts wurde neben der polizeilichen Fahndung auch die Öffentlichkeit durch elf Tageszeitungen und fünf Rundfunkstationen in Kenntnis gesetzt. Man legte dabei besonderen Wert auf den Hinweis, daß auch die kleinste und für den Laien unscheinbarste Mitteilung von Bedeutung sein könne. Kaum waren am 5. November die Zeitungen erschienen und die ersten Rundfunkmeldungen durchgegeben, da gingen auch schon laufend Nachrichten ein.

Ein Mannheimer Polizeibeamter und ein Polsterer, die am 1. November auf der Straße zusammen geplaudert hatten, waren von dem in der Fahndung Beschriebenen nach der Neckarauer Straße in Mannheim gefragt worden. Einer der Zeugen glaubte sich daran erinnern zu können, daß der unbekannte Radfahrer nach einer Hausnummer zwischen 50 und 60 gefragt habe. Eine Nachfrage in diesen Häusern blieb jedoch erfolglos. Nun wurde von der Mannheimer Polizei ein Sonderkommando eingesetzt, das systematisch nicht nur die kilometerlange Neckarauer

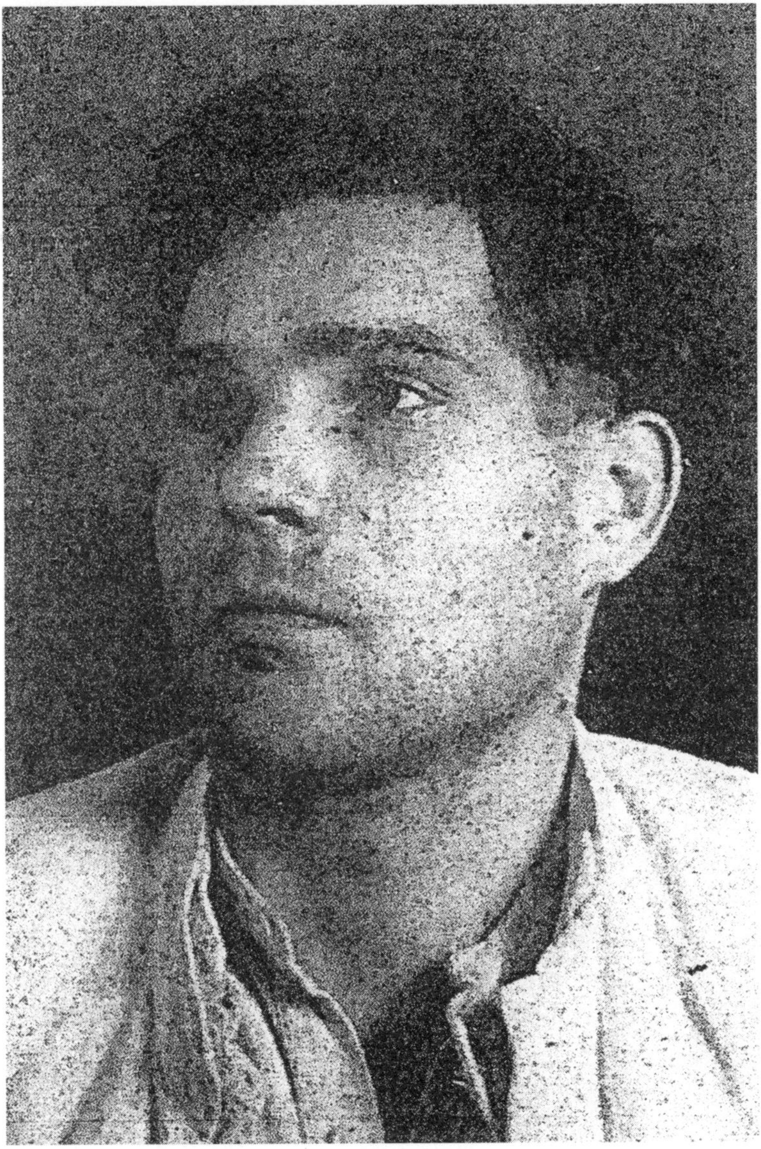

Der Serienmörder Bernhard Prigan (1920–1975).

Straße, sondern auch die einmündenden Nebenstraßen abfragte.

Schon am 6. November hatte ein Beamter Erfolg. Im Hause 69 erinnerte sich eine ältere Frau, daß ihre erwachsene Tochter am 1. November von einem jungen Mann besucht worden sei, der schon in früheren Jahren gelegentlich mal dagewesen wäre und mit Vor- oder Familiennamen »Bernhard« heiße. Die Tochter, die in einer Fabrik beschäftigt war, wurde sofort zur Kriminalpolizei geholt. Die von ihr bis ins kleinste abgegebene Beschreibung des Mannes paßte genau auf den Verdächtigen von Neulußheim und Bacharach.

Sie hatte den Gesuchten 1947 schon einmal bewirtet, als dieser angeblich aus französischer Kriegsgefangenschaft zurückgekehrt war. Auch in den Jahren danach war er manchmal bei ihr zu Besuch gewesen. Er stamme aus Essen und heiße Bernhard Brigan, sei 31 Jahre alt, sehe aber bedeutend jünger aus. Kinder aus dem Hause 69 konnten auch das Fahrrad des Brigan genau beschreiben, das am 1. November nachmittags, etwa zwei Stunden lang, im Hofe abgestellt war. Auch die Fahrradbeschreibung deckte sich genau, so daß jetzt kein Zweifel mehr bestand, daß der Gesuchte den Namen Bernhard Brigan führte und angeblich aus Essen stammte. Nachfragen bei der Kriminalhauptstelle Karlsruhe ergaben, daß ein gewisser Bernhard Prigan (nicht Brigan) am 21. September 1920 in Essen geboren wurde und ein Personenfeststellungsverfahren im Jahre 1936 seine Identität ergeben hatte.

Außer den Lichtbildern von 1936 lagen bei der Kriminalhauptstelle auch noch Bilder vom Mai 1952 vor, wo Prigan wegen Fahrraddiebstahls in Karlsruhe erkennungsdienstlich behandelt worden war. Zudem lag er in der Straftäterkartei als Notzuchtsverbrecher ein.

Als Reaktion auf diese Nachrichten wurde noch am 6. November ein Fahndungsalarm ausgelöst, der schon am folgenden Tag zum Erfolg führte. In Langensteinbach, etwa 15 km südöstlich von Karlsruhe, kontrollierte der Polizeipostenführer einen Postkartenhausierer, dessen Personenbeschreibung auf Prigan paßte, dessen Bekleidung jedoch erheblich von der aufgegebenen Beschreibung abwich.

Es war Bernhard Prigan, der keinerlei Widerstand leistete und nur darüber äußerst aufgebracht war, daß er lediglich wegen eines fehlenden Wandergewerbescheines in Haft genommen werden sollte. Der Polizeibeamte ließ ihn in diesem Glauben, verschwieg ihm den wahren Haftgrund und lieferte ihn in das Untersuchungsgefängnis nach Karlsruhe ein.

In der Zwischenzeit hatte ein Sonderkurier die Lichtbilder Prigans den Zeugen in Neulußheim, Hockenheim und Mannheim vorgelegt. In allen Fällen wurde er als der Verdächtigte und Gesuchte wiedererkannt. Als dann der von der Festnahme verständigte Erste Staatsanwalt, Dr. Angelberger, mit seinen Kriminalbeamten am Abend des 7. November in Karlsruhe eintraf, hatte sich die Indizienkette um Prigan weiter geschlossen – diesmal lückenlos.

Nach den weiteren Ermittlungen hatte sich Prigan am 6. November 1952 in Ettlingen bei Karlsruhe polizeilich unter seinem richtigen Namen gemeldet, in einer Barackenwohnung Quartier genommen und dort auch sein Gepäck abgestellt. Hier hörte er am 6. November die 9-Uhr-Nachrichten im Radio, die Schilderung des Neulußheimer Mordes und die Fahndung mit seiner eigenen Beschreibung. Sofort nach der Radiomeldung ging er zum Einwohnermeldeamt, wo er mit der polizeilichen Anmeldung ganz bewußt den Grundstein zu seiner ersten Verteidigung legte.

Bei seinen ersten Vernehmungen betonte er immer wieder mit Nachdruck: »*Wenn ich ein Mörder wäre, dann hätte ich mich doch nicht polizeilich angemeldet.*«

Noch vor der ersten Vernehmung wurden bei den Quartiersleuten Erhebungen angestellt und das Gepäck Prigans sichergestellt. Der Quartiergeber, der die Rundfunkfahndung ebenfalls gehört hatte, hegte sofort einen Verdacht gegen Prigan, zerstreute aber bald wieder seine Bedenken. Bei der Durchsuchung des Gepäcks fand sich eine dunkelblaue Manchesterjacke mit Gurt. Der Gurt besaß einen Doppelring-Verschluß. Weiter kam das weiße Stirnband zum Vorschein, und die Hose zeigte an den Knien deutliche Erdkrusten. Diese Krusten wurden gesichert, um mit den am Tatort gesicherten Erdproben mineralogisch untersucht zu werden, jedoch machte das spätere Geständnis Prigans ein Gutachten überflüssig.

Bei der weiteren Durchsuchung kam auch der rote Fahrradwimpel mit dem weißen Kreuz und ein rotkariertes Buschhemd zum Vorschein. Als dann auch die am Brotlaib gesicherten roten Wollfasern unter dem Mikroskop genau mit den Fasern des Buschhemdes übereinstimmten, waren die letzten möglichen Zweifel an der Täter- oder zumindest Mittäterschaft Prigans zum Mordfall in Neulußheim ausgeschaltet.

Am Abend des 7. November 1952 wurde Prigan zum erstenmal vernommen. Dabei fiel auf, daß weder sein Gesicht noch seine Hände Verletzungen aufwiesen, die man anhand des Tatortbefundes in Neulußheim bei ihm vermutete. Er beteuerte in geschraubten und floskelhaften Reden seine Unschuld. Auf Fragen antwortete er erst nach längeren Denkpausen; seine Antworten waren vorsichtig und wohlüberlegt. Schließlich wurde er frech und herausfordernd. Den Vernehmenden verwies er auf das

Grundgesetz, bezichtigte ihn der Freiheitsberaubung, ja – er drohte sogar und sagte: *»Ich bin Bernhard Prigan ... ich komme hier auch wieder heraus ... und dann ...!«* Seine Redensarten wurden zusehends aufmüpfiger und zynischer. Als er sich auf einen Vorwurf hin plötzlich heftig erregte, zeigten sich in seinem Gesicht – links und rechts der Nase – mehrere senkrechte Rötungen.

Wie der sofort zugezogene Amtsarzt feststellte, waren es wenige Tage alte Kratzer, die zweifellos von Menschenhand stammten. Es waren Verletzungen, die ihm die getötete Wilma Sulzer noch während des Kampfes beigebracht hatte. Prigan hatte diese Verletzungen mit einer dünnen Schicht Uhu-Alleskleber überdeckt und fein gepudert. Er erklärte auf Befragen, daß er wenige Tage zuvor vornüber von seinem Fahrrad auf einen Kieshaufen an der Straße gestürzt sei. Da aber sowohl die Nase als auch das Kinn, also gerade die vorspringenden Gesichtsteile, völlig unversehrt waren, konnte ihm diese Ausrede schnell widerlegt werden. Trotzdem leugnete Prigan hartnäckig weiter.

Auffallend war sein ausgezeichnetes Gedächtnis, das lediglich für die Zeiten des Neulußheimer Mordes und des Sexualverbrechens in Bacharach restlos versagte. Auch bei seiner zweiten Vernehmung am Morgen des 8. November änderte er seine Taktik nicht. Durch einen Zufall jedoch nahm die zweite Vernehmung eine plötzliche Wendung.

Einer der vernehmenden Beamten hielt Prigan nämlich vor, daß doch eine ganze Menge Zeugen gegen ihn sprechen würden, sowohl lebende als auch tote. Der Mann wollte allerdings *»lebende und stumme Zeugen«* sagen, er hatte sich lediglich versprochen. Das Wort *»tote«* brachte die Wendung. Prigan sprang auf und schrie: *»Sie wollen damit* *doch nicht sagen, daß ich ein Mörder bin?«* Jetzt änderte der Beamte schnell seine Taktik und sagte: *»Genau das wollte ich sagen, Sie sind ein gemeiner und niederträchtiger Mörder!«* Der Zwischenfall hatte Prigan offenbar getroffen, denn die Vernehmung mußte schließlich sogar abgebrochen werden.

Als Prigan von dem entsprechenden Beamten im Kraftwagen ins Gefängnis zurückgebracht wurde, sagte er: *»Geben Sie mir eine Zigarette – Sie sind der einzige, der mir gesagt hat, was er von mir denkt. Kommen Sie bitte mit in meine Zelle.«*

Bei einer ruhigen Aussprache machte der Beamte nun Prigan erneut auf das Aussichtslose seines Leugnens aufmerksam. Nach schweren inneren Kämpfen erklärte sich Prigan dann bereit, über Neulußheim und Bacharach zu sprechen, jedoch dürfe die Staatsanwaltschaft weder der Presse noch dem Rundfunk gegenüber Angaben über seinen Namen und seine Taten machen.

Bei seiner dritten Vernehmung, am Nachmittag des 8. November, also nur sechs Tage nach dem Mord, schrieb Prigan sein Geständnis selbst nieder. In einer kurzen Vernehmung bestätigte er diese Angaben. Nun wurde er in das Landesgefängnis nach Mannheim geschafft, wo er am 12. November in einer zwanzigseitigen Vernehmung den Mord in Neulußheim bis ins Detail schilderte.

Demnach war er in der Mordnacht zuerst in Neulußheim herumgestrolcht, hatte verschiedene Frauen und Mädchen angesprochen und wurde in einem Falle durch einen Hofhund zur Flucht gezwungen. Kurz nach Mitternacht traf er am Bahnhof Wilma Sulzer, ging mit ihr in Richtung Altlußheim, sein Fahrrad nebenher schiebend. Als das Mädchen keinen Wert auf seine Begleitung legte, sagte er: *»Sehe ich so aus, als ob ich Ihnen etwas antun könnte?«*

31

Karlsruhe, den 8. November 1952

An den Herrn
Oberstaatsanwalt
in Mannheim

Ich Bernhard Prigan geb: am 21.9.20
in Essen Ruhr habe in der Nacht vom 1 zum
2. November in Neulusheim / Baden das
grosse Verbrechen begangen. — Ich gestehe die
Tat in vollem Umfange ein und erkläre mich
bereit, dafür harte Sühne ~~dafür~~ mit vollstem Be-
kenntnis zu tragen. —
Tief erschüttert habe ich von der tragischen
Folge meiner Handlungsweise erfahren und bin
bereit dafür Sühne und nochmals Sühne zu tra-
gen.

Bernhard Prigan.

NB Auch gebe ich zu mich an dem Mädchen bei Bacharach
vergangen zu haben. Jedoch auf ~~ind~~ inständiges Bitten
des Kindes habe ich davon bald abgelassen.
Auch hierfür stehe ich voll u. ganz ein.
Es war am 30.10.52 gegen 16.00 h. Bernhard Prigan

Schreiben und Geständnis Prigans an den Oberstaatsanwalt in Mannheim vom 8. November 1952.

Wilma Sulzer, ein in jeder Beziehung anständiges Mädchen, zerstreute schließlich ihre Bedenken und war mit seiner Begleitung einverstanden. Als sie in die Nähe des Transformatorenhauses kamen, bat Prigan das Mädchen, es möge sein Fahrrad halten, damit er sein Gepäck auf dem Gepäckständer wieder in Ordnung bringen könne. Als es angeblich nicht klappen wollte, schlug Prigan vor, das Rad an die Mauer des Hauses zu stellen. Das Mädchen hielt auch dort das Fahrrad noch fest. Hier erst sei ihm der Gedanke gekommen, das Mädchen zu mißbrauchen.

Plötzlich faßte er mit beiden Händen von der Seite an ihren Hals und drückte mit Gewalt zu, wobei er über die kräftige Gegenwehr erstaunt gewesen sei. Nachdem sie ihn im Gesicht gekratzt hatte und sich verzweifelt wehrte, drückte er noch fester zu und brachte sie, teils im Würgegriff tragend, teils schleifend und zerrend, hinter das Transformatorenhaus.

In diesem Augenblick gelang es Wilma, sich zu befreien und einige Schritte wegzulaufen. Prigan holte sie jedoch wieder ein, würgte sie erneut und schleppte sie nun an den Tat- und Fundort. Hier ermordete er sie dann.

In seiner nächsten Vernehmung am 17. November 1952 machte Prigan dann Angaben zu weiteren Notzuchtverbrechen an Mädchen und Kindern. Die hierauf folgenden monatelangen Ermittlungen der Staatsanwaltschaft und der Landespolizei-Kriminalstelle Mannheim konnten schließlich Licht in das schauerliche Dunkel um diesen furchtbaren Sexualstraftäter bringen.

Am Abend des 16. September 1952, gegen 21 Uhr, sprach Prigan in Oberhausen die auf dem Fahrrad nach Hause fahrende ledige 18 Jahre alte Hausangestellte Hildegard Maria Ölschlägel an. Er fuhr trotz deren ablehnender

Haltung neben ihr her und gewann langsam ihr Vertrauen. Die junge Frau erklärte sich schließlich mit dem Austausch von Adressen einverstanden. Zu diesem Zweck lockte er sie neben einer Eisenbahnunterführung in den beleuchteten Hof eines bahneigenen Wohngebäudes.

Prigan gab jedoch eine falsche Adresse an, indem er »Bernhard Müller, Düsseldorf, Benratherstraße 65« aufschrieb. Das Mädchen Hildegard wollte sodann wieder zu seinem Fahrrad gehen, das vor dem Hoftor an einer Mauer lehnte. Der Mann verstand es jedoch, es wieder in den Hof zu locken. Nach kurzen Zärtlichkeiten packte er das Mädchen an beiden Oberarmen, zog es an sich, faßte es mit beiden Händen am Hals und erwürgte es dann. Den leblosen Körper legte er anschließend auf den betonumfaßten 80 cm hohen Sandkasten unter einer hohen Freitreppe und entkleidete das Mädchen.

Zu diesem Fall schrieb Prigan am Schluß seines Geständnisses: *»Tief erschüttert bekenne ich mich nach wie vor freiwillig zu der schrecklichen Tat in Oberhausen. Auch Du liebes gutes Mädel hast sterben müssen. Ich gestehe es vor Gott und den Menschen und bereue es mit aus tiefster Seele meines Herzens. Ich ändere mein Leben und sühne so gut ich kann Deiner im Gebet gedenkend solange meine Augen noch offen sind. Verzeih mir, denn ich wollte Dich nicht töten.«*

Nur knapp sechs Wochen später, am 27. Oktober 1952, wurde Prigan wegen Arbeitsbummelei bei der Zeche »Langenbrahm« in Essen arbeitslos. Seinem alten Wandertriebe folgend, wollte er mit dem Fahrrad von Essen nach Karlsruhe fahren, wo er seit den letzten Kriegsmonaten eine Bekannte hatte. Am 28. Oktober 1952, gegen 19 Uhr, kam er in Düsseldorf an und fuhr in der Stadt umher, um Frauenbekanntschaften zu machen.

Etwa gegen 20.30 Uhr sprach er die 14jährige Renate Pietzker an, die von einem Abendlehrgang nach Hause ging. Nach den späteren Angaben des Prigan kam es in der Schillerstraße zu kleineren Zärtlichkeiten. Auf einem kleinen Weg, der über ein Trümmergrundstück zu einer Wohnbaracke führte, wurden die Zärtlichkeiten fortgesetzt. Als Prigan in seinen Liebkosungen deutlicher wurde und dem Mädchen an die Brüste griff, wollte dieses weggehen. In diesem Augenblick faßte Prigan mit beiden Händen zu, würgte sie am Hals und schleppte sie noch weiter in das Trümmergrundstück hinein, ohne seinen Griff zu lockern. Die Überfallene verlor ihre Handtasche und einen Schuh.

In einer Geländemulde legte er sein Opfer ab. Das Mädchen kam wieder zu sich. Bei der nun einsetzenden Gegenwehr faßte Prigan erneut heftig zu und erwürgte es letztlich. Anschließend riß er ihr brutal die Kleider vom Leib. Durch das Würgen lief dem Opfer stark das Blut aus der Nase. Prigan wischte es mit dem Hemd und Unterrock der Entkleideten ab. Nach vollbrachter Tat warf er die Kleider auf die Tote, schwang sich auf sein Fahrrad und fuhr die ganze Nacht hindurch bis in die Gegend von Andernach.

Dieses Verbrechen war sehr schwierig zu bearbeiten, weil keinerlei Hinweise auf den Täter vorlagen. Erst nach dem Neulußheimer Mord ergaben sich Parallelen, die auf Prigan als Täter deuteten. In beiden Fällen waren die Opfer völlig entkleidet, die Unterkleidung war jeweils bis zu den Fußknöcheln heruntergestreift. Die Kleider waren beim Auffinden der Leichen lose auf diese gelegt. Auch hatte in beiden Fällen kein normaler Geschlechtsverkehr stattgefunden.

Bei der Vernehmung am 13. November 1952 gab Prigan auch diese Tat zu. Es wurde dabei besonderer Wert darauf gelegt, eine Schilderung der kleinsten Einzelheiten zu erhalten, die nur der Täter selbst wissen konnte, um jeden Versuch eines Geständniswiderrufes von vornherein auszuschalten. Das gelang in vollem Umfang. Ohne Vorbehalt schilderte Prigan genau die Verhältnisse des Düsseldorfer Tatortes, erzählte, wie er der Bewußtlosen mit deren Hemd und Unterrock das Blut von der Nase gewischt hatte und schilderte weiter, wie er auf dem Rückweg aus dem Trümmergrundstück die Handtasche und einen Schuh seines Opfers liegen sah.

Diese und zahlreiche andere Einzelheiten konnte wirklich nur der Mörder wissen. In seinem eigenhändig verfassten Geständnis schrieb Prigan zu diesem Mord: *»Es ist die Wahrheit dass ich in der Nacht vom 28.–29.Oktober 1952 der Täter an Fräulein Renate Pietzker aus Düsseldorf bin. Ich lege dieses Geständnis freiwillig und ohne Zwang im Sinne der Sühne nach einer genossenen Christlichen Erziehung ab. Ich empfinde tiefe Reue mit dem Bewußtsein ebenfalls einer allein zurückgebliebenen Mutter um dass kostbarste gebracht zu haben. Es strafe mich die irdische Gerechtigkeit und Verzeihe mir der allmächtige Gott.«*

In die Anklage wurden neben den drei Sexualmorden 17 Notzuchtverbrechen aufgenommen. Etwa 130 weitere ausgeführte oder versuchte Notzuchtverbrechen, die Prigan eingestanden hatte, wurden wegen der zu erwartenden hohen Strafe nach § 154, Abs. I StPO eingestellt. Wie hoch die Dunkelziffer seiner Verbrechen gewesen sein mag, ließ sich nicht abschätzen. Zweifellos hatte Prigan noch weit mehr solcher Verbrechen begangen, die jedoch aus Scham der Opfer nicht angezeigt und von dem Täter wohlweislich verschwiegen wurden.

Durch Pressenotizen anläßlich eines Würgemordes im Jahre 1948 will Prigan auf seinen schrecklichen Würgegriff gekommen sein. *»Leise und langsam kam mir nun der Gedanke, mir auf diese Weise das zu nehmen, was ich auf normalem Wege entbehren mußte«*, sagte Prigan in einem seiner Geständnisse. Als er dann einmal bei Schauringkämpfen einen Catcher sah, der *»Der Würger«* genannt wurde, weil er jedesmal durch seinen gefürchteten Würgegriff siegte, begann Prigan, diesen Griff selbst anzuwenden.

In fast allen Fällen drosselte er seine Opfer mit beiden Händen von vorne am Hals, mit beiden Daumen drückte er den Kehlkopf nach innen und mit den Zeigefingern preßte er die Halsschlagadern so, daß die Blutzufuhr zum Gehirn der Überfallenen unterbunden wurde, wobei es mindestens 20 Sekunden dauerte, bis Bewußtlosigkeit eintrat. Der Tod erfolgte wohl nach etwa zwei bis drei Minuten.

Prigan kannte die Gefährlichkeit seines Würgegriffes. Er wußte, daß sein Griff tödlich sein konnte, und nahm diese Möglichkeit bewußt in Kauf. Prigan sagte selbst, daß sein Würgegriff *»furchtbar grausam«* gewesen sei.

War Prigan in den ersten Wochen und Monaten nach seiner Festnahme noch wahrheitsliebend und teilweise reumütig, so änderte er jedoch mit fortschreitender Untersuchungshaft seine Taktik. Er berief sich mehr und mehr auf seine angebliche Intelligenz, an die er selbst fest glaubte, und versuchte, Staatsanwalt und Kriminalbeamte hinters Licht zu führen und zu täuschen. Er war überzeugt, sehr schlau zu sein. Zellennachbarn gegenüber äußerte er mehrfach: *»Mord können sie mir nicht andrehen, dazu sind sie zu dumm! Ich werde auf 'Körperverletzung mit Todesfolge' machen ...«*

Am ersten Tag der Hauptverhandlung verteidigte er sich noch frech und zynisch und sagte unter anderem: *»So wahr ich Prigan heiße – noch bevor die Weihnachtsglocken läuten,* *werde ich beweisen, dass ich kein Mörder bin!«* Er sollte sich irren.

Ein erschütterndes Bild ergab sich übrigens aus Prigans Lebenslauf. Die Ehe der Eltern – eines Bergarbeiterehepaares in Essen – war von Anfang an nicht glücklich. Der Vater stand dreizehnmal vor Gericht, wurde zehnmal wegen Körperverletzung, Nötigung, Kuppelei, Hausfriedensbruchs, Diebstahls sowie versuchten Totschlags bestraft und erhielt in drei Fällen den § 51 Abs. 1 StGB zugebilligt. Auch die Mutter war vorbestraft, und zwar wegen Kuppelei, gewerbsmäßiger Unzucht und gefährlicher Körperverletzung. Eine Halbschwester Prigans war wegen Beilhilfe zum schweren Raub angeklagt, wurde aber nur wegen Diebstahls verurteilt. Zur Zeit des Mordprozesses befand sie sich wegen eines Eigentumdeliktes in Haft.

Die im Jahre 1919 geschlossene Ehe der Eltern wurde 1934 aus Verschulden des Vaters geschieden. Beschimpfungen, Mißhandlungen der Mutter und schwere Geschlechtskrankheiten bildeten die Haupturteilsgründe. So kam Bernhard Prigan mit zwei Jahren – als Folge der damals schon zerrütteten Ehe – zu einem Schuhfabrikanten in die Oberlausitz. Trotz der ausgezeichneten Pflege holte Mutter Prigan ihren Sohn wieder nach Essen zurück, wo er bald restlos verkam. Nur drei Monate später wurde er erneut zu seinen Pflegeeltern geschafft, die in der Folge die größten Schwierigkeiten mit ihm bekamen.

Bernhard erwies sich als faul, widerspenstig und frech, suchte sich die schlechtesten Kameraden, und nur fortgesetzten Vorstellungen der Fürsorge war es zu danken, daß die Pflegeeltern ihn immer noch bei sich behielten. Ostern 1935 kam Prigan dann in das Jugendheim »Salesianum« in München, wo er das Schlosserhandwerk erlernen sollte. Dazu aber hatte er keine Lust, und so ging er in eine

Kaufmannslehre. Nach anfänglichen Erfolgen ließ sein Eifer auch hier bald nach und bei einer Prüfung, Ostern 1936, fiel er durch. Zu dieser Zeit war Bernhard stark und kräftig, turnerisch gewandt, zeigte jedoch Neigung zur Widersetzlichkeit, Eigenbrötelei und zu bösartigen Streichen.

Mit einem Freund verschwand er dann im Mai 1936 auf gestohlenen Fahrrädern, nachdem der Freund einen unterschlagenen Scheck eingelöst hatte. Sie kamen über Frankreich nach Spanien, wurden in Barcelona festgenommen und nach Frankreich zurückgeschafft. Vom Deutschen Konsulat in Marseille erhielten sie Fahrkarten nach Straßburg/Kehl. Hier wurden sie im Juli 1936 festgenommen. Das Amtsgericht (Jugendgericht) München verurteilte Bernhard Prigan dann zu fünf Wochen Freiheitsstrafe. Wegen Besorgnis der sittlichen Verwahrlosung wurde aber die vorläufige Fürsorgeerziehung angeordnet und Bernhard in das Erziehungsheim Rheindalen eingewiesen.

Später kam er in das Erziehungsheim Euskirchen und sollte Schneider werden. Hier entwich er einmal und schrieb hochgeschraubte Briefe an Behörden, den Landeshauptmann und die Reichsregierung. Darin bat er um Ausweisung nach Frankreich, weil er *»überzeugter patriotischer Franzose«* sei. Sein gesamtes negatives und verschrobenes Verhalten hatte eine Einweisung in die Heil- und Pflegeanstalt Bonn zur Folge, wo er von September 1937 bis Mai 1938 blieb. Die Beobachtung ergab jedoch keinen sicheren Anhaltspunkt für eine schizophrene Psychose. Nach einem weiteren Aufenthalt in Euskirchen wurde er schließlich zu seinem Stiefvater nach Essen entlassen, ging dann aber bald als Arbeiter an den Westwall.

Nach Ausbruch des Krieges kehrte er zu seinen Pflegeeltern in die Oberlausitz zurück, wo er ein Jahr lang als

Angestellter in einer Gesenkschmiede arbeitete. Sein häusliches Verhalten war aber derart rüpelhaft, daß sein Pflegevater Bernhards Einberufung zum Reichsarbeitsdienst (RAD) durchsetzte und ihm schließlich Hausverbot erteilte.

Prigan war zunächst im damaligen Sudetengau als Hilfsarbeiter und Angestellter beschäftigt, bis er Anfang 1941 zur Flak eingezogen wurde. Bei der Luftwaffe wurde er im April 1944 wegen Verdachts der Notzucht angeklagt, aber lediglich wegen Körperverletzung zu neun Monaten Gefängnis verurteilt. Im Jahre 1943 hatte er bei einem kurzen Urlaub ein Mädchen kennengelernt und kurz darauf auch geheiratet. Diese Ehe wurde 1947 aus Verschulden der Ehefrau geschieden, was bei Prigan – wie er immer wieder erklärte – zu einem krankhaften Frauenhaß führte.

Den Rest des Krieges verbrachte Prigan bei einem Bewährungsbataillon und geriet in Hessen in amerikanische Kriegsgefangenschaft. Den Franzosen übergeben, rückte er aus, tauchte als Zivilarbeiter in Frankreich unter, gab sich als Pole aus und nannte sich »Bernardo Kwiatkowski«. Er konnte seine polnische Staatsangehörigkeit natürlich nicht belegen, wurde ausgewiesen, kehrte mehrfach nach Frankreich zurück, bis er dann im Ruhrgebiet und in der Pfalz als Bergmann, Zimmermann oder landwirtschaftlicher Arbeiter kurzfristige Beschäftigungen fand.

Prigan arbeitete unregelmäßig; viel lieber zog er mit dem Fahrrad durchs Land und ernährte sich durch den Verkauf billiger Postkarten. Bereits im Jahre 1949 trat er dann als Sittlichkeitsverbrecher aktenmäßig in Erscheinung. Weitere Delikte folgten, im November 1950 wurde er vom Landgericht Dortmund wegen versuchter Notzucht zu acht Monaten Gefängnis verurteilt (ihm jedoch bedingter Straferlaß mit zweijähriger Bewährungsfrist erteilt).

Im Juli 1952 verurteilte ihn das Schöffengericht in Essen wegen fortgesetzten Betruges zu zwei Monaten Gefängnis, die durch die Untersuchungshaft als verbüßt galten. Er hatte ein Fahrrad, ein Kofferradio und eine Skiausrüstung auf Abzahlung gekauft und die Gegenstände, deren Kaufpreis er bei seiner Mittellosigkeit nie entrichten konnte, später weiterverkauft. Einen Monat Gefängnis erhielt er dann im Februar 1953, als er ein nicht vollständig bezahltes Radiogerät weiterveräußerte.

Der psychiatrische Sachverständige erschloß den psychischen Zustand Prigans nicht nur anhand der üblichen Tests, sondern auch aus dem Gesamtverhalten und den Äußerungen anläßlich zahlreicher Aussprachen und Untersuchungen. In seiner abschließenden Zusammenfassung stellte er fest, daß Prigan in vollem Umfang für die von ihm begangenen strafbaren Handlungen strafrechtlich verantwortlich sei und führte unter anderem aus: *»Somit stellte sich uns Prigan in seinem Lebenslängsschnitt und -querschnitt als ein mit Neigung zur Asozialität und Verbrechen erblich belasteter, haltloser, eigensüchtiger, gemütsbarer, geltungsbedürftiger, überheblicher, brutaler, bedenkenloser, intellektuell durchschnittlicher Entarteter dar. Auch körperlich bietet er in spitz angewachsenen Ohrläppchen, nahezu zusammengewachsenen Augenbrauen und aufgehobenem Würgreflex eine auffallende Häufung von Entartungsmerkmalen. Aber sowohl ein Schwachsinn als eine Geisteskrankheit sind bei Prigan mit Sicherheit auszuschließen. Auch für Zustände von Bewußtseinsstörungen ergeben sich weder aus dem Lebenslängsschnitt des Prigan noch aus seiner Beobachtung auch nur die geringsten Anhaltspunkte. Vielmehr tragen alle seine Straftaten den Stempel planvoller Überlegung in der Vorbereitung, in der Ausführung und in der Verwischung seiner Spur. Niemals* *hat er völlig die Beherrschung über sich verloren, er hat sich im Gegenteil jeweils lagebedingt benommen und eine nicht zu überbietende – jederzeit durch Überlegung gelenkte – Kaltblütigkeit an den Tag gelegt. Die Voraussetzungen des § 51 StGB sind infolgedessen für Prigan in keiner der beiden Fassungen gegeben …«*

Am 19. Dezember 1953 sprach das Schwurgericht beim Landgericht Mannheim nach nur dreitägiger Verhandlung folgendes Urteil: *»Im Namen des Volkes! Der Angeklagte Bernhard Andreas Prigan aus Essen ist ein gefährlicher Gewohnheitsverbrecher, und hat als solcher drei Morde in Tateinheit mit drei versuchten Verbrechen der Notzucht mit Todesfolge begangen. Hierwegen wird er dreimal zu lebenslanger Zuchthausstrafe verurteilt. Außerdem hat er in gleicher Eigenschaft drei Verbrechen der vollendeten Notzucht, in einem Falle in Tateinheit mit Kindesmißbrauch, begangen. Hierwegen wird er ferner zur Gesamtstrafe von zehn Jahren Zuchthaus verurteilt. Der Angeklagte wird der bürgerlichen Ehrenrechte auf Lebenszeit für verlustig erklärt.«*

Das Schwurgericht entsprach letztlich mit seinem Urteil dem Strafantrag des Ersten Staatsanwalts Dr. Angelberger in vollem Umfang; das Gutachten des berühmten Heidelberger Gerichtsmediziners Dr. Pietrusky*, der schon im Fall des Kannibalen Karl Denke als Gerichtsmediziner fungierte, dürfte wohl den Ausschlag gegeben haben.

Der *»fürchterliche Prozeß«*, wie der Vorsitzende, Landgerichtspräsident Dr. Silberstein, das Verfahren charakterisiert hatte, war wegen Gefährdung der Sitte und Moral unter Ausschluß der Öffentlichkeit geführt worden. Nach

---

* Vgl. Armin Rütters: *Karl Denke – Der Kannibale von Münsterberg. Ein deutscher Serienmörder*. Historische Serienmörder III. Sonderband 1. Arnstadt 2013.

Im Gefängnis von Bruchsal starb der Würger mit dem Fahrrad, Bernhard Prigan, ohne je wieder freigekommen zu sein. Foto um 1960.

der Urteilsbegründung sagte Dr. Silberstein: *»Dies ist der Schlußstrich für uns unter eines der häßlichsten Kapitel der Kriminalgeschichte. Keine Gnadeninstanz der Welt wird diesem gefährlichen Gewohnheitsverbrecher, dieser Bestie im Menschengestalt, jemals – auch nicht in späterer Zeit – Gnade erweisen. Bernhard Prigan wird niemals mehr aus dem Zuchthaus entlassen werden ...«*

Der Angeklagte, der mit Handschellen gefesselt, aus dem Gerichtssaal geführt wurde, verzog keine Miene. Damit war einer der scheußlichsten Mörder und Sexualverbrecher der Nachkriegszeit für immer hinter Zuchthausmauern verschwunden. Mehr als drei Jahre, nämlich seit Mitte 1949, hatte der »Würger« sein Unwesen getrieben. Vom Bodensee bis zum Ruhrgebiet reichte sein »Revier«, bis ihn wenige Tage nach seinem dritten Sexualmord in der Nähe von Mannheim schließlich sein Schicksal ereilt hatte. Lange Zeit waren die Untersuchungsbehörden der Meinung gewesen, den sogenannten »Autobahnmörder« zur Strecke gebracht zu haben, doch das war ein Irrtum gewesen. Eingehende Nachforschungen ergaben zweifelsfrei, daß Prigan mit den Morden in der Nähe von Autobahnen nichts zu tun gehabt hatte.

Im Jahr 1975 starb Bernhard Prigan in der Justizvollzugsanstalt Bruchsal, ohne die Freiheit je wiedererlangt zu haben.

DER KINDESMÖRDER VON LANDSHUT

DER FALL WALTER DIPPL
1952–1953

»Um Walter Dippl, falls man ihn in Freiheit beließe, harmlos zu machen, müßte man ihm schon beide Arme wegschneiden!«

Am 19. November 1937 erblickte in Landshut ein junger Erdenbürger das Licht der Welt, der besser nie geboren worden wäre. Man taufte ihn auf den Namen Walter, seine Mutter war eine geborene Dippl. 14 Jahre später, am 12. März 1952, ging dieser Junge als besonderer Fall in die deutsche Kriminalgeschichte ein. Selber noch ein Kind, ermordete er nämlich an diesem Tag einen kleinen Jungen. Unseligerweise sollten noch 14 Monate vergehen, bis der Verbrecher gefaßt werden konnte. Den Anlaß dazu gab ein zweiter Mord, den das jugendliche Ungeheuer am 20. Mai 1953 beging. Damit avancierte Dippl zu einem – bis dahin – ziemlich einmaligen Fall in der Kriminalgeschichte. Erneut war das Opfer ein kleiner Junge, der auf grauenvolle Weise regelrecht abgeschlachtet wurde. Der Täter rückte damit für Tage seine Heimatstadt in ein trauriges Blickfeld der großen Öffentlichkeit.

Am 15. März 1952 entdeckte Sicherheits-Oberwachtmeister Ritt von der Stadtpolizei Landshut eine in einem ehemaligen Wehrmachtssack verstaute Knabenleiche im nördlichen Flutmuldenbach. Der Tote wurde als der siebenjährige, in Miltitz geborene Volksschüler Ingo Eisheuer identifiziert.

Die Bevölkerung der niederbayerischen Metropole hielt den Atem an, denn alle Anzeichen deuteten auf einen grauenhaften Lustmord hin.

Noch war die öffentliche Erregung und Empörung nicht abgeklungen, da stand am 6. Juni 1953 Kriminaloberassistent Ebert vor einer weiteren schrecklich zugerichteten Leiche eines Jungen, der, mit Reisig bedeckt, inmitten einer Schonung in der bei Landshut gelegenen Waldung Ganslberg lag. Der Tote war der achtjährige Volksschüler Sebastian Hollerauer. Die gräßlichen Wunden, die seinen Körper bedeckten, wiesen eine peinlich genaue Ähnlichkeit mit denen auf, die die Mordkommission am getöteten Ingo Eishauer feststellen mußte.

»Ich habe mit den Morden nichts zu tun«, sagte der knapp 16jährige Brotausfahrer Walter Dippl nach seiner Festnahme . Dann aber brach er im Kreuzverhör zusammen und legte ein umfassendes Geständnis ab.

Der Jahreskalender zeigte den 12. März 1952 an. Von der Nikolaschule kommend, ging der siebenjährige Ingo Eisheuer an diesem Tag auf dem in der Dreisesselstraße gelegenen Bahnkörper stadtauswärts, um die elterliche Wohnung zu erreichen.

»He, mach, daß du von den Gleisen runterkommst«, hörte er sich plötzlich angerufen. Ingo folgte diesem Ruf und stand alsbald neben dem Warner, dem damals 15jährigen Brotausfahrer Walter Dippl. Was zwischen den beiden Jungen damals im einzelnen gesprochen wurde, konnte nie mehr geklärt werden. Dippl muß es aber binnen weniger Minuten verstanden haben, das Vertrauen des kleinen Ingo zu gewinnen, denn bereits kurze Zeit später sah man den Buben auf dem Fahrradgepäckträger Dippls sitzen, der ihn mit sich in die großmütterliche Wohnung fuhr. Es sollte Ingos letzte Fahrt werden. Drei Tage später fand Oberwachtmeister Ritt den mit gräßlichen Wunden bedeckten Leichnam des kleinen Jungen.

Walter Dippl, der den Buben in die großmütterliche Wohnung schleppte, wußte, daß er mit ihm allein sein würde. Seine Großmutter, die tagsüber in einer Keksfabrik arbeitete, konnte unmöglich vor Einbruch der Dunkelheit daheim sein.

Was dann zwischen den beiden geschah, wissen wir nur aus dem Geständnis Dippls und aus dem Befund der Sachverständigen. Dippl verging sich in widerlichster Art an dem Kleinen; was aber anschließend geschah, war so grauenhaft, daß es einzigartig in der Geschichte der Jugendkriminalität sein dürfte.

Sei es, um einem krankhaften Gefühl zu frönen, sei es, um sich einen lästigen Zeugen vom Hals zu schaffen: Dippl war entschlossen, den Mund des kleinen Ingo für immer stumm zu machen.

Während sich der Schulbub nach vorn über den Küchentisch beugte, griff Dippl zu einem Werkzeug, das üblicherweise zum Öffnen von Kisten und Herausziehen von Nägeln gebraucht wird, und versetzte dem völlig Ahnungslosen mit der scharfkantigen Schneide mehrere wuchtige Schläge ins Genick, die zu einer sofortigen Durchtrennung des Rückenmarks führten. Mit der einen Hand den zusammenbrechenden Buben haltend, fing der ruchlose Mörder mit der anderen den Blutstrom des bereits toten Schülers in einer Waschschüssel auf. Anschließend brachte er der Leiche mit demselben Mordinstrument Wunden bei, die keinen Zweifel ließen, daß es sich bei der Tat um einen typischen Lustmord gehandelt hatte.

Dippls weiteres Sinnen und Trachten war nur noch dahingehend ausgerichtet, sein Blutopfer unbemerkt beiseite zu schaffen, um sich der Verantwortung für seine bestialische Tat zu entziehen. Sein folgerichtiges Vorgehen und sein kaltes Überlegen ließen darauf schließen, daß er sich seiner geistigen Fähigkeiten durchaus bewußt war. Sein erster Versuch, die Leiche im eisernen Ofen zu verbrennen, mißlang.

Kühl berechnend, schleppte er nun den Körper, nachdem er bereits brennende Stellen desselben gelöscht hatte, in einem ehemaligen Wehrmachtssack zur Holzlege und verdeckte ihn mit einem schweren Hackstock, dessen Gewicht den Schädel des toten Knaben zertrümmerte.

Dann aber beseitigte er sorgfältig alle Spuren. Ja, er nahm sich sogar die Zeit, das Ofenrohr neu zu lackieren, da an mehreren Stellen durch schwelende Hautteile der Lack desselben abgeblättert war. Dazu schabte er vom Ofenrohr einen Teil der Silberbronze ab, holte sich einen Pinsel und überstrich mit großer Fertigkeit die freie Stelle. Bereits nach einer Minute konnte man nicht mehr bemerken, daß die Stelle mit neuer Silberbronze überdeckt war. Danach räumte der Mörder sorgfältig auf, holte sich Terpentinöl aus dem Schrank und reinigte sich die Finger. All das erledigte er mit großer Selbstverständlichkeit und auffallender Gewandtheit.

Dieses Vorgehen rettete ihn zunächst vor der Entdeckung. Während der kriminalpolizeilichen Ermittlungen entdeckte man an der Leiche des toten Jungen Silberbronzereste. Nachdem die Leiche Verbrennungsspuren aufwies, tippte man im Zusammenhang damit sofort darauf, daß die Bronze von einem Ofenrohr herrührte, in dem Eisheuer beseitigt werden sollte. Deshalb wurden nun von etlichen Ofenrohren in Landshuter Wohnungen Bronzeproben abgekratzt und nach München geschickt. Auch in der Dipplschen Küche machte sich die Polizei zu schaffen. Unglücklicherweise erwischten die Kriminaltechniker nun beim Abkratzen ausgerechnet jenen kleinen Fleck am Rohr des Herdes, der von Dippl nach dem Mord eben zum Zweck des Verwischens von Tatspuren neu überstrichen worden war.

Die entfernte Bronze wurde ebenfalls ins Landeskriminalamt eingesandt, aber ihre chemische Untersuchung ergab logischerweise, daß diese Bronze nicht identisch mit der am Fuße des Ermordeten vorgefundenen Silberbronze war.

Das hieß nichts anderes, als daß der Verbrecher um ein Haar hätte überführt werden können, hätte nicht ein schlechter Zufall verhindert, daß gerade das aussagekräftigste Beweismittel gegen eine Täterschaft Dippls sprach. Jedem neuen Verdachtsmoment mußte von nun an entgegengehalten werden, daß die Leiche des kleinen Eisheuer nachweisbar nicht mit dem Herd in der Dipplschen Küche in Berührung gekommen war. Wenige Zentimeter, um die man sich beim Kratzen an einem Ofenrohr vergriffen hatte, wurden also zur tragischen Ursache des gewaltsamen Todes eines zweiten Kindes.

Für die Gründlichkeit, mit der die Maschinerie der modernen Kriminalwissenschaft arbeitet, waren die von den aus München erschienenen Sachverständigen vorgebrachten Schilderungen einiger Untersuchungsmaßnahmen und Ergebnisse bezeichnend. So wurde beispielsweise erläutert, daß nach der späteren Verhaftung der ganze Schmutz zwischen den Dielenritzen des Küchenbodens in der Wohnung des Mörders herausgeholt und vom Landeskriminalamt untersucht worden sei. Dabei konnte Blut nachgewiesen werden, obwohl von der Ermordung Eisheuers bis zum Termin der Untersuchung des Schmutzes weit mehr als ein Jahr verstrichen war. Selbst ein Mehrfaches dieser Zeit hätte aber, wie der Sachverständige bekundete, auch keinesfalls dazu ausgereicht, die Blutspuren im Dielenritzenschmutz so verschwinden zu lassen, daß sie mit den Mitteln der Wissenschaft nicht mehr zu erfassen gewesen wären.

Beim Nachweis der Täterschaft Dippls spielte darüberhinaus auch eine winzige Tannennadel an einem Ort, wo sie nicht hingehörte, eine große Rolle. Eine winzige Tannennadel als unübersehbarer Beweisgegenstand in den Händen der richtigen Leute!

Interessant war zudem die Tatsache, daß die Beamten noch eine weitere sensationelle Entdeckung vorweisen konnten. Dippl hatte nach seinen eigenen Angaben seinerzeit nicht nur die Schultasche und den Pullover des kleinen Eisheuer hinter einer Aschentonne versteckt, er hatte auch die Hose und die beiden Schuhe des Ermordeten kurzerhand aus dem Küchenfenster auf den offenen Hofplatz hinuntergeworfen. Dort fand sie ein Nachbar, ein älterer Mann, der zwar fragte, wem das gehöre, dann aber, als er den Eigentümer nicht ermitteln konnte, die

Kleidungsstücke einfach in seiner Holzlege aufbewahrte. Obwohl durch verschiedene Zeitungsaufrufe nach den Kleidungsstücken des ermordeten Jungen geforscht wurde, meldete dieser Mann seinen Fund nicht.

Die Sachen wurden später aus der Holzlege geholt und den Eltern Ingo Eisheuers vorgelegt. Sie erkannten sie als Eigentum ihres toten Sohnes wieder. Wäre dies schon nach dem Mord geschehen, so hätten sich neue und wichtige Gesichtspunkte für eine Überführung Dippls ergeben. Wären außer Schultasche und Pullover noch weitere Kleidungsstücke des Ermordeten im Anwesen in der Schwestergasse gefunden worden, so hätte das die Verdachtsmomente gegen ihn erheblich verstärkt.

Doch zurück zum Ablauf des ersten Mordes. Als Dippls Großmutter am Abend des Mordtages von der Arbeitsstätte heimkehrte, konnte sie nicht ahnen, welch furchtbares Verbrechen vor einigen Stunden in ihrer Wohnung begangen worden war. Der Mörder selbst gab sich wie immer. Keine Veränderung an ihm zeigte an, daß er seelisch durch seine Bluttat irgendwie belastet war.

Tags darauf, seine Großmutter mußte zu einer Beerdigung, fuhr er den in den Wehrmachtssack gebundenen Toten auf einem Leiterwagen davon und versenkte ihn wenig später im nördlichen Flutmuldenbach von Landshut.

Die Bevölkerung ergriff eine maßlose Erregung. Wer war der Mörder? Das war die Frage, die die aufgeregten Gemüter von Jung und Alt beschäftigte. Noch lief der Mörder frei herum und fuhr Brot aus. Er fühlte sich unentdeckt und glaubte es auch zu bleiben.

Der scheußliche Fund vom Flutmuldenbach war in der Öffentlichkeit noch nicht in Vergessenheit geraten, da wurde sie rund 14 Monate später abermals in erhebliche Erregung versetzt. Der achtjährige Sohn einer Zeitungsausträgerwitwe, Sebastian Hollerauer, war von seinem Schulweg nicht heimgekehrt und von diesem Zeitpunkt an spurlos verschwunden.

Dieser Sebastian aber war Dippl nicht unbekannt gewesen. Schon oft hatte er sich in der großmütterlichen Wohnung Dippls aufgehalten, um mit diesem zu spielen. Dies aber fiel um so weniger auf, als Sebastians Mutter mit der Großmutter Dippls befreundet war. Was aber keiner der beiden Frauen auffiel, war die Tatsache, daß der kleine Sebastian des öfteren die Schule schwänzte und manchen Vormittag beim Spiel mit Dippl verbracht hatte.

Am 20. Mai 1953 faßte Dippl den Plan, den Buben umzubringen. Unter dem Vorwand, Holz im nahe gelegenen Wald holen zu müssen, lockte er den kleinen Sebastian in die zwischen Altdorf und Pfettrach gelegene Waldung Ganslberg und ermordete ihn dort mit demselben Kistenöffner, mit dem er schon den kleinen Ingo getötet hatte. Die Wunden, die er auch diesem kleinen Toten noch beibrachte, ließen einen abermaligen Lustmord außer Zweifel stehen.

Mit Gras und dürren Bäumchen bedeckt, fand Kriminaloberassistent Ebert von der Stadtpolizei in einer Schonung die schrecklich zugerichteten sterblichen Überreste des kleinen Sebastian, der das zweite Opfer dieses gefühlskalten, jugendlichen Mörders geworden war.

Was war dieser 16jährige für ein Mensch? Wie war es möglich, daß ein noch unausgereifter Bursche derartige Bluttaten auf sein Gewissen laden konnte? Das waren die Fragen, die sich die Öffentlichkeit stellte.

Außerehelich geboren, stürzte der damals dreieinhalbjährige Dippl aus zwölf Meter Höhe aus dem Wohnungsfenster. Eine Schädelverletzung und eine schwere Gehirnerschütterung waren die Folgen. Als seine Mutter am 11. März 1943 an den Folgen einer weiteren Geburt starb, wurde er auf

Veranlassung der Katholischen Jugendfürsorge in das St. Josefsheim in Heiligenbrunn gebracht, wo er zugleich seine acht Jahre Volksschule absolvierte.

Schon bald aber entpuppte er sich als ein äußerst schwieriger Zögling. Einerseits zeigte er sich schmeichlerisch und gutmütig, andererseits aber flackerte ein gefährliches Feuer in seinen Augen.

Sein Jähzorn glich einem Vulkan. Als er eines Tages wegen einer Kleinigkeit zur Rede gestellt wurde, griff er die Schwester tätlich an und ging bei anderer Gelegenheit auf die Gartenschwester des St. Josefsheims mit dem Holzhammer los. Erschreckende Alarmzeichen!

Trotz der Bedenken und der Warnung der Anstaltsleitung bestand seine Großmutter darauf, ihn in ihren Haushalt zu holen und somit der Aufsicht der Anstaltsleitung zu entziehen. Am 7. Dezember 1951 betrat er erstmals die großmütterliche Wohnung.

In seinen Lehrstellen versagte er geradezu kläglich. Ein Schlossermeister in Landshut mußte ihn schon nach zwölf Tagen völliger Interesselosigkeit entlassen. Nicht anders ging es einem Wagenbauer, der ihn als Lehrling in seinen Betrieb genommen hatte. Auch hier mußte er mangels jeglicher Arbeitslust und Neigung zu kleineren Diebstählen entlassen werden. So fand er endlich als Brotausfahrer seinen Verdienst und besuchte nebenbei die Berufsschule.

Von Jugend an fühlte und lebte er einen angeborenen Hang zur Grausamkeit. Es war ihm eine Freude, jüngere Kinder zu kitzeln, zu schlagen und zu quälen. Weinte sein kleines Opfer oder wand es sich in Schmerzen, so konnte er schrill lachen und eine Freude an den Tag legen, die man sonst an ihm nicht kannte.

Schon vor seinen Mordtaten sah sich die Staatsanwaltschaft infolge seiner mehrmaligen homosexuellen Betätigungen genötigt, ein Ermittlungsverfahren gegen ihn einzuleiten. Nun aber, nachdem zwei Volksschüler durch seine Mörderhand ums Leben gekommen waren, hatte sich die Jugendkammer beim Landgericht Landshut auf Antrag der Oberstaatsanwaltschaft mit dem jugendlichen Verbrecher zu befassen. War er ein Verbrecher oder ein Geisteskranker? Das war die große Frage des Prozesses.

Von insgesamt 31 Zeugen und sechs Sachverständigen wurden Aussagen dokumentiert. Zu den letzteren gehörten jene Landshuter Medizinalräte, die die Leichen der Ermordeten seziert hatten, ferner zwei Gerichtsmediziner aus München sowie ein Vertreter des Bayerischen Landeskriminalamts. Als Begutachter des Geisteszustandes wurden ein Landshuter Nervenarzt und ein Professor der Universitätsnervenklinik München herangezogen. Die Verteidigung des Angeklagten führte ein Landshuter Rechtsanwalt.

Gleich in den ersten Gesprächen mit seinem Gutachter stellte der Mörder eine höchst eigenartige Rechnung auf: *»10 – 8,5 = 1,5 Jahre.«* Das war – sozusagen mathematisch gesprochen – die Formel, auf die Walter Dippl sein ganzes bisheriges Leben brachte. *»10 Jahre«,* sagte der Rechenkünstler, *»sind die Höchststrafe, die ich kriegen kann. Acht Jahre verbrachte ich im Waisenhaus, das war auch ein Eingesperrtsein, welches mir angerechnet werden muß. Ein halbes Jahr sitze ich jetzt in Untersuchungshaft – das macht zusammen achteinhalb Jahre. Wenn man diese Zeit von der Höchststrafe abzieht, bleiben eineinhalb Jahre. Nach spätestens eineinhalb Jahren muß man mich also wieder herauslassen.«*

Wie war dieser Walter Dippl aus medizinischer Sicht zu beurteilen? Dem Hauptteil seines Gutachtens stellte der Nervenarzt Dr. Gerhards den Satz voran: *»Walter Dippl ist nicht normal!«,* wobei er im Gegensatz zur Ansicht

Professor Wagners stand. Dr. Gerhards hielt den Mörder zunächst für schizophren. Dippl hatte verworren gesprochen (so redete er in ein- und demselben Atemzug von Reißnägeln, der Wasserstoffbombe und seiner Oma) und war ihm reichlich gemütlos erschienen. Er sprach ihm auch jegliche Intelligenz ab, obgleich er sich zumindest in diesem Punkt geirrt haben dürfte, denn eine kleine Episode bewies das Gegenteil.

Als z. B. die Leiche des Sebastian Hollerauer im Wald bei Altdorf gefunden wurde, fuhr die Polizei gleich bei Dippl vorbei und nahm ihn im Auto mit zum Tatort. Dabei wurde der Tatverdächtige über den Fund aufgeklärt. Die Beamten hatten aber vorher vereinbart, nicht ganz bis zum Tatort zu fahren, sondern schon vorher anzuhalten. Das geschah und dann sagte ein Polizist zu Dippl: *»Also, gehen wir!«*

Unauffällig wollte man es Dippl überlassen, vorauszuschreiten und sich geradewegs zu dem Getöteten zu begeben. Damit hätte der Mörder nachgewiesen, daß er den Tatort genau kannte. Aber Dippl tappte nicht in die Falle. Zum Gehen aufgefordert, wandte er sich sofort den Beamten zu und fragte scheinheilig: *»Ja, aber wohin denn?«*

Im weiteren Verlauf seines Gutachens wies Dr. Gerhards überzeugend nach, daß Dippl im Zustand einer *»dranghaften Verstimmung«* gemordet haben mußte. Die strafrechtliche Verantwortung des Verbrechers war in dieser Verfassung also erheblich gemindert, wenn auch nicht aufgehoben. Seinem ganzen Wesensbild nach bot Dippl geradezu eine Garantie dafür, daß sich bei entsprechender Gelegenheit ähnliche Morde unbedingt wiederholen würden. Falls das Gesetz noch eine Kastration von Triebtätern vorsähe, hielt Dr. Gerhards selbst diese Maßnahme nicht für ausreichend, Dippls Gefährlichkeit aufzuheben: *»Um Walter Dippl, falls man ihn in Freiheit beließe, harmlos* *zu machen, müßte man ihm schon beide Arme wegschneiden!«* Deshalb forderte Dr. Gerhards zum Abschluß seines Gutachtens die dauernde Unterbringung des Angeklagen in einer Heil- und Pflegeanstalt.

Der Gerichtsvorsitzende, Landgerichtsdirektor Dr. Höhn, schloß sich dieser Meinung schließlich an. Er verurteilte den Mörder zu zehn Jahren Gefängnis und dauernder Einweisung in eine Heil- und Pflegeanstalt. Das Problem, daß Dippl in einer Jugendhaftanstalt keine Minderjährigen verderben konnte, wurde in salomonischer Weise gelöst. Das Gericht verordnete nämlich die sofortige Einweisung in eine Pflegeanstalt bis zum vollendeten 18. Lebensjahr. Erst dann hatte Dippl seine Haftstrafe anzutreten, um anschließend auf Lebenszeit wieder in die Heilanstalt zurückzukehren.

Dippl nahm den Richterspruch äußerlich völlig unbewegt entgegen. Auch sein Vormund und der Verteidiger erklärten, weitere Rechtsmittel nicht in Anspruch nehmen zu wollen. Einer der schaurigsten Fälle der Kriminalgeschichte gehörte damit der Vergangenheit an.

1994 wurde Dippl dennoch wieder in die Freiheit entlassen, allerdings mit fünfjähriger Bewährungsfrist (unter einer sogenannten Führungsaufsicht).

DER TEUFEL VOM PERLACHER FORST

DER FALL PETER HÖSSL
1957–1982

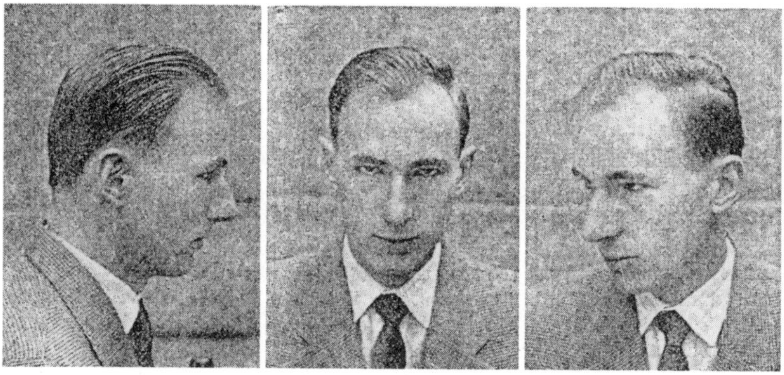

»Du kannst Dir gar nicht vorstellen, wie der Kerl geblutet hat. Aus seinen Ohren schoß das Blut nur so heraus!«

»Als der graue Morgen des 10. Juli 1940 am Horizont zu dämmern begann, hatten Elternglück und Freude im Hause Hößl Einzug gehalten. Die Sonne warf ihre ersten Strahlen durch das Fenster in eine kleine Wiege und verkündete mit ihrem Glanz dem Neugeborenen, den sie Peter nannten, eine verheißungsvolle Zukunft. Die gute Fee, das Licht, war an die Seite des kleinen Bettes getreten und brachte dem neuen Menschen die guten Tugenden, die da heißen: Fleiß, Strebsamkeit, Intelligenz, Liebenswürdigkeit und Demut. Verwende diese Eigenschaften

zu deinem Nutzen und werde ein tüchtiger brauchbarer Mensch unter deinen Artgenossen! Doch leise und unsichtbar hinter der guten Fee hatte sich auch die böse Fee eingeschlichen. Sie legte dem jungen Erdenbürger die schlechten Gaben in die Wiege. Unheil war ihre Kunde. Du sollst ein Gezeichneter sein; ich werde dich zeichnen mit dem Zeichen des Kain; Hinterhältigkeit und Falschheit, Zügellosigkeit und Unbeherrschtheit, Haß und Mordgier sollen dich zu einem Scheusal unter den Menschen auf Erden machen. Diese meine Mitgift soll über das Gute in dir die Überhand bekommen und am Ende deines Lebens wirst du verdammt mir wieder zufallen.«

Mit diesen extrem pathetisch klingenden Sätzen begann der Verteidiger des wegen mehrfachen Mordes angeklagten Peter Hößl in der Hauptverhandlung vor der Jugendstrafkammer in München sein Plädoyer. Es war unschwer zu erkennen, daß er den Versuch unternahm, die Beweggründe zu den Untaten seines Mandanten ins Unerklärbare und ins Mystische zu ziehen. Sein Ziel war, Peter Hößl als ein Phänomen des bösen Geistes darzustellen, dessen Handlungen motivlos unter einer Art Zwang ausgeführt wurden. Damit führte er die Verteidigung an die Grenze der Unzurechnungsfähigkeit seines Mandanten heran.

Doch auch Pathos und Gestik konnten die vorausgegangene Beweiserhebung nicht erschüttern und Richter und Schöffen in ihren Auffassungen über die Motive des Angeklagten nicht beirren. Die Beweggründe des Peter Hößl aufzuzeigen geschieht am besten, wenn man zusammenfaßt, wie und wodurch man auf ihn erstmals aufmerksam wurde.

Als nach einer Reihe von Morden und Mordversuchen die polizeilichen Ermittlungen keinen Erfolg versprachen, sondern alle Bemühungen im Sande verliefen, wurden im

Sommer 1960 mit einer starken Arbeitsgruppe die Ermittlungen von neuem begonnen. Im Einzelnen lagen folgende ungeklärte Verbrechen vor:

Am Samstag, dem 23. Mai 1959, wurde im Perlacher Forst bei München die Leiche des 57jährigen Rentners Johann Huber in einer Waldlichtung entdeckt. Huber war mit einem Kleinkalibergewehr des Kalibers 5,6 mm mit fünf Schüssen getötet worden. Nach Darstellung seiner Angehörigen war er nachmittags mit dem Fahrrad in den Wald gefahren, um ein Sonnenbad zu nehmen. Die Ehefrau des Toten bezeichnete den Fundort der Leiche als den Platz, den ihr Mann bei schönem Wetter aufzusuchen pflegte. Wie sich ergab, lebte Johann Huber sehr zurückgezogen, pflegte keinen Umgang mit anderen und führte ein recht geordnetes Familienleben. Feinde kannte er nicht. Die wenigen Wertsachen und persönlichen Gegenstände, die er mit sich führte, wurden ausnahmslos am Auffindungsort vorgefunden. Spuren, die auf einen bestimmten Täter schließen ließen, wurden trotz intensiver Suche nicht gefunden.

In den folgenden Monaten begann eine Reihe rätselhafter Überfälle auf Autofahrer oder Liebespaare, die allesamt nicht aufgeklärt werden konnten. So berichtete am 9. Juni 1959 eine Münchener Zeitung in großen Schlagzeilen von einem Pistolenüberfall im Perlacher Forst; am 1. August 1959 wurde ein PKW auf der Autobahnstrecke München-Salzburg während des Fahrens von einem Unbekannten beschossen und in der Nacht auf den 11. September 1959 wurde erneut ein Liebespaar in einem Wald nördlich von München überfallen.

Doch schon bald sollte ein Doppelmord die Sprache des Teufels vom Perlacher Forst sprechen. Am Samstag, dem 20. September 1959, kehrten der 19jährige kaufmännische Angestellte Wolfgang Hack und seine 17jährige Verlobte

Die Festnahme von Peter Hößl im Januar 1961.

Edeltraud Winkler von einem Spaziergang in Schleißheim nicht mehr nach Hause zurück. Sieben Tage später wurden sie im sogenannten Berglwald erschossen aufgefunden. Sichergestellte Projektile und Hülsen erbrachten als Tatwaffe eine Walther-Pistole des Kalibers 7,65 mm. Den Toten war nichts geraubt worden, Bargeld und Wertsachen waren noch vorhanden.

Nahezu ein Jahr lang passierte nichts, bis sich der entsetzliche Mordschütze erneut in Erinnerung brachte. Am Samstag, dem 5. Juni 1960, fuhr die Arztgattin Else X. nachmittags mit ihrem PKW von München-Haar nach Vaterstetten. Auf der Gemeindeverbindungsstraße zwischen Ottendichl und Vaterstetten, als sie eben den dortigen Wald durchfuhr, mußte sie ihr Kraftfahrzeug anhalten, da auf der Straße ein toter junger Mann lag. Bei dem Toten handelte es sich um den 19jährigen Hilfsarbeiter Gerhard Habel, der aus der Nachbargemeinde stammte. Der Körper wies drei Einschüsse auf: in den Kopf, die Brust und in den Unterleib. Wie sich später herausstellte, wollte Habel, der nur mit Hemd und kurzer Hose bekleidet war, mit seinem Fahrrad zum Baden an den Feldkirchner Baggersee fahren. Als Tatwaffe wurde anhand der aufgefundenen Hülsen und Projektile eine Walther-Pistole vom Kaliber 7,65 mm ausgemacht; vom Täter fehlte jede Spur.

So also stellte sich damals zu Beginn der neuen Ermittlungen die polizeiliche Lage dar. Es war eine beängstigende Häufung von Tötungsversuchen und vollendeten Verbrechen. Obwohl es sich bei den Tatorten um weit auseinander gelegene Stellen handelte, glaubte man, es mit nur einem einzigen Täter zu tun zu haben. Eine Vergleichstafel, nach einem besonderen Schema angefertigt, zeigte verblüffend ähnliche und wiederkehrende Tatumstände. Vor allem fiel auf, daß offensichtlich ein Tatmotiv fehlte. Alle Opfer waren im Besitz ihrer mitgeführten Habe, sie wiesen mit Ausnahme der Liebespaare keine Beziehungen und Berührungspunkte zueinander auf. Es waren Menschen verschiedenen Alters und Geschlechts; auch Hinweise auf sexuelle Beweggründe konnten zunächst nicht erkannt werden.

Nun begann man mit dem Studium von Akten solcher Straffälliger, die schon einmal wegen eines Vergehens gegen das Schußwaffengesetz in Erscheinung getreten waren. Die Menge an Akten stapelte sich zu Bergen auf den Schreibtischen der betreffenden Dienststelle. Unter den zahllosen Kriminalakten befand sich auch die umfangreiche Akte des Jugendlichen Peter Hößl, der im Jahre 1957 wegen *»fahrlässiger Körperverletzung mit Todesfolge«* zu einer Gefängnisstrafe verurteilt worden war.

Hößl hatte im Alter von 16 Jahren (!), im Jahre 1956, auf dem Vogelweideplatz in München, unweit seiner elterlichen Wohnung, den elfjährigen Volksschüler Franz Stöbich mit einem Kleinkalibergewehr durch fünf Schüsse getötet. Als er später dieser Tat überführt und vor Gericht gestellt wurde, gelang es ihm und seinem Anwalt, diese Tötung so hinzustellen, daß er nur wegen fahrlässiger Körperverletzung mit Todesfolge und versuchten Mordes verurteilt wurde. Er erhielt damals vier Jahre Jugendgefängnis, wurde aber bereits am 13. Februar 1959, nach knapp zwei Jahren, mit einer ausgezeichneten Beurteilung vorzeitig zur Bewährung entlassen.

Obwohl es unwahrscheinlich erschien, daß Hößl nach seiner Haftentlassung im Februar drei Monate später, also am 23. Mai 1959, den Rentner Johann Huber im Perlacher Forst erschossen haben sollte, befaßte man sich dennoch näher mit den vorhandenen Gerichtsakten und studierte sie genau.

Zwei Vernehmungsprotokolle des zuständigen Staatsanwaltes erregten besondere Aufmerksamkeit. Hößl schilderte am 18. Juli 1957 anläßlich der Tötung des elfjährigen Stöbich seine Verbindung mit seinem Cousin Michael Büttner. *»In der Folgezeit entwickelte sich zwischen meinem Cousin und mir ein Briefwechsel; mein Cousin schilderte mir geplante Raubüberfälle, Banküberfälle und ähnliche Verbrechen und ich muß gestehen, daß mich bei der Lektüre dieser Briefe eine starke Erregung befiel, die auch sexueller Art war. Ich habe die Briefe meines Cousins in gleicher Weise erwidert, mir ähnliche Straftaten ausgedacht und sie meinem Cousin brieflich geschildert und dabei stets die gleiche Erregung empfunden wie bei der Lektüre seiner Briefe.«*

In der Vernehmung vom 18. November 1957 durch den gleichen Staatsanwalt sagte Hößl wörtlich: *»Wenn ich gefragt werde, warum ich auf den am Boden liegenden Stöbich weitergeschossen habe, so kann ich nur sagen, daß es panische Angst war, die mir jede Überlegung raubte. Daneben war noch etwas da, was ich aber nicht beschreiben kann.«* Diese wenigen Sätze, herausgegriffen aus den Gerichtsakten des Falles Stöbich, waren tatsächlich der Schlüssel zum Tatmotiv und zum Täter – so grotesk es klingen mag.

Immer wieder wurden diese seltsamen Antworten gelesen, gedeutet, analysiert und zu erklären versucht. An ihrer inneren Echtheit konnte kein Zweifel bestehen. Schließlich faßte man das Ergebnis der Überlegungen zusammen und stellte sich vor, hier könne es sich um einen sexuell abartigen und fehlgeleiteten jungen Menschen handeln, der seine geschlechtliche Befriedigung nur in der Tötung von Menschen fand.

Als nächste Maßnahme wurde eine persönliche Überwachung durch Kriminalbeamte zu verschiedenen Zeiten angeordnet. Hier zeigte es sich bald, daß Hößl ein Doppelleben führte. Von seinen Eltern und Angehörigen streng behütet und auf fast allen Wegen begleitet, fand er kaum Gelegenheit, allein für längere Zeit in die Stadt zu gehen. Gelang es ihm aber hin und wieder, dieser Aufsicht zu entschlüpfen, so tauchte er jedesmal vor den Auslagen eines großen Waffengeschäftes im Zentrum der Stadt auf. Fasziniert und gebannt starrte er dann minutenlang auf die im Schaufenster ausgelegten Lang- und Kurzwaffen. Es schien, als ob er in diesen Augenblicken alles um sich herum vergäße. Wenn er nach einiger Zeit seinen Weg fortsetzte, konnte man mit Sicherheit damit rechnen, daß es ihn, bevor er sich endlich freimachen konte, drei- bis viermal wieder zurückzog zu den Auslagen. Die Beobachter verglichen die Waffen im Schaufenster mit einem Magneten, dessen Anziehungskraft den Peter Hößl nicht loslassen wollte.

Als dann später seine Festnahme erfolgte, bestätigten die weiteren Ermittlungen die anfangs angenommene Motivkombination. Nach der Darstellung des Gerichtsmediziners muß Hößls abartige Veranlagung bereits im Alter von zwölf bis 14 Jahren deutlich geworden sein. In dieser Zeit blieb die Wendung zum anderen Geschlecht völlig aus.

Diese heterosexuelle Frigidität führte im Laufe der Zeit zu einem ausgepprägen Narzißmus. Hößl wurde eitel und verliebte sich mehr und mehr in seinen eigenen Körper. Er gefiel sich in engen Bluejeans und stellte sich mit Vorliebe vor den Spiegel. Die Konturen seines eigenen Gesäßes reizten seine sinnliche Lust und ließen ihn zum Onanisten werden. Nebenher entwickelte sich in ihm die Liebe zu Schußwaffen. Er begann bald seinen Idealgestalten aus den Wildwest- und Cowboyfilmen nachzueifern. Den Film mit dem Titel »Panik am roten Fluß« sah er sich fünf- bis sechsmal an, weil ihm eine Szene darin ganz besonders gefiel:

Ein junger Bursche von 15 Jahren erhielt von einem Cowboy zu Unrecht eine körperliche Züchtigung. Der junge Mann entriß daraufhin seinem Gegner blitzartig den Colt und jagte ihm einen Schuß in den Unterleib. Der Getroffene warf die Hände in die Höhe, preßte sie anschließend an den Bauch und sackte schmerzverzerrt in sich zusammen. Diese Szene wurde übereinstimmend von den Psychiatern in ihren Gutachten und vor Gericht als das *Schlüsselerlebnis* zu den späteren Taten bezeichnet.

Tatsächlich ähneln Hößls Morde in ihren Ausführungen diesem Schlüsselerlebnis. Allen seinen Opfern trat er mit der Waffe im Anschlag unmittelbar gegenüber und schoß sie wortlos nieder. Wie er später mehrmals erklärte, stellte er sich in seinen Tötungsphantasien vor, daß sein Gegenüber, das heißt sein Feind, bei einem solchen Tötungsakt zum Zeichen der Ergebung die Hände in die Höhe nehmen müßte. Einen echten Sieg aber glaubte er nur zu erringen, wenn er den anderen tötete und völlig vernichtete.

Wie schon erwähnt, war Hößl heterosexuell frigide, die Schußwaffe wurde allmählich zu seinem Geschlechtspartner. Er hat sie, als er eine besaß, wie eine Geliebte behandelt. Ein masturbatorischer Akt, den er bei seiner Vernehmung selbst schilderte und für den auch sichtbare Beweise zurückgeblieben sind, bestätigt, daß er die Waffe zum Partner gewählt hatte. Er sperrte sich mit der Waffe in sein Schlafzimmer ein, geilte sich an seinem nackten Körper im Spiegel auf, warf sich dann ins Bett und schoß unter der Decke durch das Fußhaupt in den gegenüberstehenden Schrank. Zu gleicher Zeit manipulierte er an seinem steif gewordenen Glied und kam im Augenblick der Schußabgabe zum Orgasmus. Vorher hatte er sich mehrmals auf die Waffe gelegt und beischlafähnliche Bewegungen ausgeführt. Nach der Ejakulation schlief er mit entblößtem Körper auf der Waffe ein.

Bald aber zeigte sich, daß ihn der Besitz einer Waffe allein nicht mehr befriedigte. Es trat immer mehr in seinen Onaniephantasien der Wunsch zu schießen in den Vordergrund. Es trieb ihn in die Wälder hinaus, wo er sich ungestört seiner perversen Sucht hingeben konnte. Hatte in ihm vorher schon der Wunsch und der Besitz eines Schießeisens ein Wohlbehagen ausgelöst, so geriet er jetzt bei der körperlichen Berührung mit einer Waffe in einen Zustand des Zwanges und Druckes, dem er sich haltlos hingab und den er auch zeitweise suchte. Bei seinen Streifzügen in den Wäldern schoß er blindlings um sich. Nichts war vor ihm sicher. Fand er einmal kein passendes Ziel, so stieß er den Gewehrlauf zentimeterweit in den Waldboden und feuerte ab. Wie er es auch anstellte, sein Glied war jedesmal so steif, daß er dabei onanieren mußte.

Am 23. Mai 1959 durchstreifte er in einem solchen sexuell äußerst erregten Zustand den Perlacher Forst. Als er dabei den in einer Waldschneise auf seiner Luftmatratze liegenden Rentner Johann Huber erblickte, gab er sofort einige Schüsse auf ihn ab und schleifte ihn anschließend an den Waldrand. Dann bestieg er sein Moped und spürte, daß er, ohne sein Glied berührt zu haben, ejakuliert hatte. Von nun an war diese Tötungsperversion geweckt. Hößl brauchte zu seiner geschlechtlichen Befriedigung die Waffe, das Schießen *und* die Tötung eines Menschen. Das waren seine einzigen und wesentlichen Beweggründe zu seinen Verbrechen. Sein Trieb war gekoppelt mit einer Aggressivität, die nach seinen eigenen Einlassungen im Kopf ein Ohrensausen hervorrief.

Es ist nicht uninteressant, daß er außer seiner Waffe auch noch einer Anzahl anderer Fetische huldigte. In seinen Onaniephantasien brauchte er Verkleidungen. Er beschaffte sich heimlich eine schwarze Lederjacke und insgesamt fünf Bluejeans. Jedesmal wenn er in die Wälder zog, führte er eine Jeans in einer Mappe bei sich mit. Vor seinen Schießübungen zog er sich im Walde um. Ein weiterer Fetisch für ihn war das Rauchen. Wie er selbst sagte, fand er an einer Zigarette nur dann Genuß, wenn er sich in sexueller Erregung befand. Das Rauchen steigerte dann seine Erregung und seinen Wunsch nach körperlicher Entladung. Hinzu kam noch ein breitkrempiger Hut, den er sich ebenfalls heimlich angeschafft hatte.

Hößl ging meist barhäuptig, nur an Regentagen setzte er die Baskenmütze auf. Seine Eltern, Angehörigen und Bekannten haben ihn niemals mit einem Hut gesehen. Als er ihn kaufte, wurde er von einem Kriminalbeamten beobachtet, und es wurde festgestellt, daß er völlig fremde Initialen hatte einprägen lassen. Den Hut versteckte er zu Hause und erst viel später wurde er von seinen Eltern entdeckt. Auf einen späteren Vorhalt, weshalb er sich fremder Anfangsbuchstaben beim Kauf bediente, konnte er keine plausible Antwort geben. Inwieweit allerdings ein derartiges Handeln ihm dazu dienen sollte, bei Verlust des Hutes seine Täterschaft zu veschleiern (so wurde es damals nämlich angenommen), blieb unklar.

Zu den Eigenarten eines Fetischisten zählt, daß er in irgendeine Beziehung zu etwas anderem, beispielsweise zu einem Opfer oder zu einem Gott, steht. Die ausgewählten Fetische des Peter Hößl waren jedoch solche, die diese Eigenart nicht oder kaum zeigten. Ganz auszuschließen war auf jeden Fall die Schußwaffe; und dennoch bildete sie – vereinfacht dargestellt – die Verbindung zu seinen Opfern. Im Gegensatz zu den medizinischen Sachverständigen wurde von den Kriminalbeamten angenommen, daß

Hößl ein ausgesprochener Sadist sein mußte. Unmittelbar nach seiner Festnahme nämlich erklärte Hößl in einem Augenblick des psychischen und physischen Tiefstandes, daß er die schmerzverzerrten Züge seiner Opfer gesehen habe. Bei diesem einmaligen Bekenntnis, das er später in dieser Form niemandem gegenüber mehr ablegte, mußte man den Eindruck gewinnen, daß Hößl den Ausdruck des Schmerzes seiner Opfer brauchte, um zum Orgasmus zu gelangen. Indirekt wurde diese Vermutung durch das Beispiel der Tötung des Rentners Huber bestätigt.

Dabei spürte er, wie er sich selbst ausdrückte, nach der Tat beim Besteigen seines Mopeds, daß er *»im Innern seiner Hose naß geworden war«*, also einen Samenerguß gehabt hatte. Obwohl Huber nach dem dritten Schuß tot war, gab Hößl, nachdem er den toten Körper etwa zehn Meter weit geschleift hatte, noch weitere zwei Schüsse auf ihn ab. Der junge Serienmörder war ein Sadist, da er sich an den Schmerzen seiner Opfer geweidet hatte.

Hößl zeigte schon in seiner frühen Jugend eine homosexuelle Veranlagung. Dies geht nicht allein aus seinem Umgang mit seinem gleichaltrigen Cousin Michael Büttner hervor. Es gibt auch andere Beweise dafür. So reizten seine Sinneslust auch die engen Bluejeans-Hosen und die schwarzen Lederjacken am Körper anderer Jugendlicher. Im Gutachten des Professors Mikorey aus dem Jahr 1957 nach dem Fall Stöbich heißt es: *»Auf Grund der Testuntersuchungen scheint es möglich, daß bei Hößl eine latente homosexuelle Einstellung vorhanden ist. Bei den Explorationen lehnte er eine solche energisch ab.«*

Später gestand Hößl bei Befragungen die homosexuelle Neigung ein. Von Beginn seiner Haft an verlangte er eine Einzelzelle, um dort ungestört seinem Onanie-Verlangen nachgehen zu können. In Ermangelung einer Waffe als

Geschlechtspartner bewegten sich seine Gedanken in diesen Augenblicken um männliche Jugendliche, vornehmlich um Häftlinge der Nebenzellen. Wiederholt gestand er ein, sich trotz aller guten Vorsätze von seinem Suchtverlangen nicht freimachen zu können. Täglich müsse er mehrmals onanieren. Der Gedanke an das andere Geschlecht lasse ihn völlig kalt.

Daß Hößl keineswegs geisteskrank und deshalb zu verurteilen war, wurde mit einigen Fällen bewiesen, die er den Untersuchungsbeamten, den Gutachtern und dem Gericht selbst erzählte. Sie zeigen deutlich, daß sein sexuelles Verlangen nicht mehr und nicht weniger stark war als bei anderen Menschen. Hößl war jederzeit in der Lage, seine Geschlechtslust zu zügeln. Er hatte meist nur nicht den Willen dazu, d. h. er ließ sich in vielen Fällen einfach nur gehen. Dafür ließen sich mehrere Beispiele anführen.

Versuchte Hößl bei seinen späteren Vernehmungen und auch vor Gericht immer wieder, seinen Zustand als eine Art Drang oder Zwang, unter dem er willenlos gelenkt worden war, hinzustellen, so spricht auch noch anderes dagegen, daß es sich wirklich so abspielte. Seinen Tötungen und Tötungsversuchen legte er jedesmal eine planmäßige Vorbereitung zugrunde. Wochenlang beschäftigten ihn zunächst seine Tötungsphantasien. Bis ins Kleinste stellte er sich den Ablauf eines Tötungsaktes vor. Schließlich traf er dann die praktischen Vorbereitungsmaßnahmen, fuhr in den Wald und suchte sich eine Stelle aus, die von Spaziergängern weniger bevorzugt wurde.

Die Bereitstellung seines Mopeds und das Auskundschaften seines Fluchtweges bezog er überlegt in seine Betrachtungen ein. Er manifestierte alles detailliert in seinem Kopf, sogar welche Rechenschaft er seinen Eltern gegenüber über sein Ausbleiben ablegen würde. Er war also geistig völlig mobil und für seine Handlungen voll verantwortlich.

Hößl war nachweislich schon in jungen Jahren von einer ausgesprochenen Gefühlskälte gezeichnet. Ihr Ursprung lagen in seinem Narzißmus und der egozentrischen Lebensweise. Sehr schnell gesellte sich Kontaktarmut dazu. Für ihn gab es kein Mitgefühl für die Schmerzen und Leiden anderer. Am deutlichsten wird das in einem Brief, den er nach der Tötung des Franz Stöbich an seinen Cousin Michael Büttner nach Berlin geschrieben hat: *»Lieber Michael! Ich habe mir gestern (Freitag) einen KK-Karabiner gekauft, für 340 DM West! (auf meinen Bruder seinen Ausweis)! 200 Schuß Muni habe ich mir auch zugelegt. Am gleichen Tage habe ich noch 15 Schuß verballert! Eine wahre Wucht, sage ich Dir. Heute nachmittag schoß ich zur Übung gegenüber von uns, da bei dem Prellbock, als jemand aufkreuzte. Er hatte es knallen gehört, obwohl ich in einer Grube war! Er war mit von der Partie, als ich zu ihm sagte, er könne mitmachen. Ich ließ ihn dann dreimal knallen. Was meinst Du wohl, was jetzt geschah? Ich hatte noch 7 Patronen. 5 im Magazin und 2 in der Tasche. Ich lud heimlich durch und jagte ihm aus 3 Meter Entfernung eine Kugel in den Hinterkopf. Der Kerl, er war übrigens 13 Jahre alt und ungefähr 1,70 Meter groß, kippte ohne einen Laut zur Seite um. Ich lud sofort wieder durch und knallte ihm eine Kugel in den Rücken. Du kannst Dir gar nicht vortellen, wie der Kerl geblutet hat. Aus seinen Ohren schoß das Blut nur so heraus! Ich habe ihn dann mit dem Fuß zur Seite geworfen und da hörte ich, daß er noch stöhnte. Es hat dann noch 5mal gekracht. Eine Kugel in den Kopf, 2 in das Genick und die restlichen in den Rücken, wo schon vom ersten Treffer alles rot war. Ich deckte ihn dann mit Gras und Steinen zu, so daß man nichts mehr von* *ihm sah. Die Taschen habe ich ihm nicht durchsucht, weil alles nur so vor Blut tropfte! Wenn das, lieber Michael, kein perfekter Mord war, rühre ich keine Knarre mehr an, das kannst Du mir glauben. Ich will verdammt sein, wenn das mein einziger bleiben würde! Weißt Du noch damals in München, wo du sagtest, Du könntest so etwas nicht übers Herz bringen ... Ich habe meinen 1. erschossen; hast Du vielleicht auch schon einen? P. S. Das KK-Gewehr hat Kal. 5,65 mm, wiegt 3 Kilogramm und ist 1,15 Meter lang. Dein Pitt.*

P. S. Falls er gefunden wird, hebe ich die Zeitungsausschnitte auf. Wenn er nicht gefunden wird, können wir ihn uns nochmals ansehen. Zusatz: Man hat ihn am Sonntag-Nachmittag gefunden! Die Zeitungen waren ganz voll davon. Unter jedem Bericht steht: Täter unbekannt.»

Nach den Feststellungen der Psychiater handelte es sich bei Hößl um das erste und bisher einmalig bekanntgewordene Individuum dieser Art in der deutschen Kriminalgeschichte. In Kenntnis solch schrecklicher Dinge drängt sich wieder einmal die Frage auf, wie ein Mensch zu solch einem Scheusal werden kann.

Interessanterweise gibt es im vorliegenden Fall nicht die einfache Erklärung, daß Hößl in einem asozialen Milieu herangewachsen ist oder etwa von Alkoholikern abstammt, so daß die Umwelteinflüsse auf ihn nur negativ wirken konnten. Gerade das Gegenteil war der Fall. Die Familie Hößl lebte in geordneten Verhältnissen, Hößl sen. war ein begüterter Möbelkaufmann. Er hatte insgesamt drei Söhne, von denen die beiden anderen sich ganz normal entwickelten. Die Eltern ließen sich die Erziehung ihrer Kinder sehr angelegen sein und ermöglichten allen die gleiche Ausbildung. Sie taten alles, was in ihren Kräften stand und was man als gute Erziehung bezeichnen kann.

Wie konnte also eine solche Entwicklung ihren Lauf nehmen? Regierungsobermedizinalrat Dr. Ziehen versuchte diese Frage als Psychiater zu beantworten. In seinem schriftlichen Gutachten hieß es: *»Man muß vielmehr bedenken, wie es eigentlich zu den Tötungsverbrechen kam. Hier gilt der Satz: kleine Ursachen, große Wirkungen. Das Verhängnis für Hößl war, daß seine Sexualität mit 12 Jahren sich der Waffenlust verband. Diese Koppelung hat Hößl, der damals noch nicht strafmündig war, nicht zu verantworten. Zu verantworten hat er, daß er auch später, als er die Gefährlichkeit dieser Koppelung begriff, sich nicht beherrschte, sondern ihr wie einer Passion nachhing und nicht einmal vor der letzten Konsequenz dieser Passion, den Tötungsverbrechen zurückschreckte.«*

Als Hößl im Januar 1961 festgenommen wurde, hatte er nachweisbar bereits drei – aller Wahrscheinlichkeit nach aber sogar fünf – Menschen mit Vorsatz getötet, nämlich den elfjährigen Volksschüler Franz Stöbich, den 57jährigen verheirateten Rentner Johann Huber und den 19jährigen Hilfsarbeiter Gerhard Habel. In diesen Fällen lagen konkrete Überführungsbeweise vor, unter anderem konnte er allein schon anhand der Tatwaffen überführt werden. Durch ein Ableugnen der Verbrechen hätte er seine Lage nicht verbessern können. Diese Ausweglosigkeit hatte er erkannt und legte deshalb ein Geständnis ab.

Anders verhielt es sich im Falle des Doppelmordes in Schleißheim. Hier war eine große Anzahl von Indizien vorhanden, so gab es z. B. mehrere Zeugen, die ihn um die Tatzeit und auch später in der Nähe des Tatortes gesehen und einwandfrei bei der späteren Gegenüberstellung wiedererkannt hatten. Das von ihm angegebene Alibi war falsch und erdichtet, was er wiederum später eingestanden hat; jedoch fehlte die Tatwaffe. Diesen seinen Vorteil kannte Hößl ganz genau und nützte ihn geschickt für sich aus, indem er die Tat hartnäckig leugnete.

Es war also höchste Zeit, daß man ihn gefaßt und hinter Schloß und Riegel gebracht hatte. Nach seiner Festnahme gestand er ein, daß er kurz vorher mit den Vorbereitungen zu einem neuen Mord begonnen hatte. Eine dieser Vorbereitungen bestand darin, sich eine neue Schußwaffe zu kaufen. Wäre ihm ein solcher Kauf gelungen, so hätte er – nach seinen eigenen Worten – *»irgendeinen Menschen«,* der ihm im Wald begegnet wäre, *»niedergeschossen.«*

Nach einem aufsehenerregenden Prozeß wurde Peter Hößl am 9. Juli 1962 zu einer Gesamtstrafe von 15 Jahren Zuchthaus und anschließender Unterbringung in einer Heil- und Pflegeanstalt verurteilt. Die bürgerlichen Ehrenrechte wurden ihm auf die Dauer von zehn Jahren aberkannt. Da Hößl auf Rechtsmittel verzichtete, wurde das Urteil sofort rechtskräftig, und die Öffentlichkeit atmete auf. Ein gefährlicher Serienmörder schien für immer unschädlich gemacht.

Und dennoch geschah das Unbegreifliche. Wie schon 1959, fanden sich weitere »Experten« der Psychiatrie, die aufgrund eines umfangreichen Gutachtens erwirkten, daß dieses menschliche Ungeheuer 1981 *»zur Bewährung«* aus der Heil- und Pflegeanstalt entlassen und erneut auf die Öffentlichkeit losgelassen wurde, ein Mensch, der nachweislich drei, aller Wahrscheinlichkeit nach aber sogar fünf Menschen ermordet hatte!

Die Unterbringung Peter Hößls wurde am 23. Dezember 1981 außer Vollzug gesetzt. Die »Sachverständigen« waren zu dem Ergebnis gelangt, eine bedingte Entlassung sei zu verantworten. Unbegreiflicherweise akzeptierte die Vollstreckungskammer des Landgerichts München I dieses Ergebnis.

Man hatte sich erneut geirrt. Am 26. August 1982, also noch nicht einmal ein Jahr später, beging Hößl einen weiteren Mord. Der Mann, der sich bereits in der Hauptverhandlung 1962 zu einem entsetzlichen »*Zwang zum Töten*« bekannt hatte, gegen den er beständig ankämpfen müsse, erschoß den 15jährigen, ihm völlig unbekannten Peter Sigl aus Ismaning in der Nähe eines Maisfeldes mit mehreren Schüssen aus einer Pistole des Fabrikats Walther, Kaliber 7,65 mm. Die Waffe wurde bei einer Bachauskehr im Schlamm entdeckt. Der Weg der Waffe bis in den Besitz Hößls konnte lückenlos ermittelt werden.

Jetzt erst war man von dem unbezähmbaren Tötungstrieb dieses Mannes überzeugt. Das Bedürfnis, die Öffentlichkeit vor diesem Menschen zu schützen, war so stark, daß es im Urteil hieß, der Angeklagte habe von seiner Krankheit gewußt, er habe sich selbst in ärztliche Behandlung begeben müssen. 1983 wurde Peter Hößl wieder einmal – diesmal hoffentlich zum letzten Mal – zu einer »lebenslänglichen« Freiheitsstrafe verurteilt.

DER NÄCHTLICHE SPAZIERGÄNGER

DER FALL BRUNO CONRAD
1960–1968

»Gib dein Geld her!«

Am 13. Mai 1960, etwa um 1.30 Uhr, wankte der 37jährige Frührentner Georg Vogel aus dem Lokal »Rote Mühle«, das die Nordwestseite des Nürnberger Bordellviertels an der Frauentormauer begrenzt. Er war stockbetrunken. Normalerweise hätte der Tuberkulosekranke um diese Zeit schon auf seinem Zimmer in der Lungenheilstätte Walldorf sein müssen. Doch vor ein paar Tagen hatten die Ärzte dem ehemaligen Kellner eine Woche Urlaub bewilligt. Fast ohne Umwege führte Vogels Weg, der dabei von seiner Freundin Maria begleitet wurde, vom Sanatorium in die übel beleumundeten Nachtlokale der Norisstadt.

Den Abend des 12. Mai 1960 hatte der Rentner in der »Roten Mühle« verbracht. Eine Stunde nach Mitternacht kam es – wie schon des öfteren – aus irgendeiner Nichtigkeit heraus zum Streit zwischen dem Pärchen. In seiner Eitelkeit gekränkt, schwankte der Kranke wenig später allein auf die Straße. Seine Wohnung befand sich ganz in der Nähe, sie war nur knapp dreihundert Meter von der Kneipe entfernt. Mit mehr als drei Promille Alkohol im Blut brauchte der Betrunkene jedoch gut 20 Minuten, bis ihn nur noch wenige Meter von seiner Haustüre trennten.

In einem nahe gelegenen Ruinengrundstück wollte er aber vorher noch seine Notdurft verrichten.

Als der nur 1,64 m große und sehr schmächtige Mann aus dem Dunkel wieder auf die Straße wankte, stand plötzlich ein Unbekannter vor ihm. *»Gib dein Geld her!«*, zischte der Fremde, doch Vogel weigerte sich.

Da packte ihn der Räuber brutal an den Jackenaufschlägen. Vogel wehrte sich, doch er hatte keine Chance. Der Unbekannte drängte ihn auf das finstere Ruinengrundstück zurück, bückte sich blitzschnell, ergriff einen am Boden liegenden Klinkerstein und drosch wie besessen auf den kleinen Mann ein. Unter neun erbarmungslos geführten Hieben brach Vogel blutüberströmt zusammen. Der spätere gerichtsmedizinische Befund ergab einen Schädelbruch mit klaffender Wunde sowie völlig zerschmetterte Kieferteile.

Um nicht entdeckt zu werden und sein Opfer ungestört ausplündern zu können, schleifte der Räuber den noch Röchelnden immer weiter in das von Steinen übersäte Grundstück hinein. In einer Ausbuchtung des Erdreichs ließ er den schlimm Mißhandelten zu Boden gleiten. Ohne sich auch nur im Geringsten um den Zustand des Schwerverletzten zu kümmern, durchwühlte der Fremde nun Vogels Taschen.

Bis auf die Brieftasche und ein paar Münzen warf er alles, was er fand, achtlos beiseite. Noch immer stöhnte und wimmerte der Mann zwischen seinen Beinen. Doch der Räuber kannte kein Mitleid. Hastig zog er seinem Opfer die Jacke über das Gesicht, dann beeilte er sich davonzukommen. Auf seiner Flucht warf der Täter die Brieftasche weg. Sie enthielt nur einen Personalausweis und Fotos. Als der Räuber sich später zu Hause neben seine Frau ins Bett legte, war ihm von der Tat nichts mehr anzumerken. Die blutige Kleidung hatte er gut versteckt. Er plante, sie in den nächsten Tagen unauffällig verschwinden zu lassen.

Georg Vogel starb zwischen Abfall und Hundekot, ohne das Bewußtsein wiedererlangt zu haben. Als Todesursache wurde später bei der Obduktion – neben einem Schock – *»inneres Ersticken infolge Blutaspiration in den Luftwegen«* festgestellt. Gegen halb sieben Uhr morgens entdeckte ein Maurerlehrling die schon starre Leiche. Einer der ersten am Schauplatz des Verbrechens war Emmeram Daucher, damals noch Sachbearbeiter der Nürnberger Mordkommission (und deren späterer Chef).

In der Folgezeit wurden unzählige Alibis überprüft, die Anwohner rund um die Stätte der Bluttat befragt und einer Vielzahl von Hinweisen aus der Bevölkerung nachgegangen. Aus dem Milieu gab es kaum Fingerzeige auf einen Verdächtigen. Die Ermittlungen ergaben, daß keiner der Profis etwas mit dem Verbrechen zu tun hatte. Jedem von ihnen war bekannt, daß bei dem kleinen Mann nicht viel zu holen war. Als hoffnungslosem Trinker wurden ihm von den Behörden nur 400 DM im Monat bewilligt. Deshalb spielte Vogel gelegentlich in einer der Bordellkneipen Ziehharmonika, um seine kümmerliche Barschaft ein wenig aufzubessern. Auch einen Racheakt schloß die Mordkommission schnell aus. Zwar war der Musiker in einige Raufereien verwickelt gewesen, doch waren Händel dieser Art am Rande des Straßenstriches gewissermaßen an der Tagesordnung. Wie die Informationen aus dem Milieu bestätigten, hatte sich Vogel mit keinem der als gewalttätig bekannten Zuhälter angelegt. Zudem wäre der kleine Mann sowieso für niemanden ein ernsthafter Gegner gewesen.

Die Mordkommission kam zunächst nicht voran. Acht Jahre mußten verstreichen, bis der Mörder gefaßt werden konnte. Ein zweites Verbrechen bildete den Schlüssel zur Lösung des Rätsels um Georg Vogels Tod.

Wieder war es ein Frühlingsabend im Mai, an dem der Unbekannte zuschlug. Doch diesmal ging es ihm nicht um Geld. Er brauchte Sex – wenn es sein mußte, wollte er ihn sich gewaltsam verschaffen. Wieder zog es ihn hinaus in die Nacht. Der Inhalt einer Flasche Weinbrand, den er – vermischt mit Cola – zu Hause konsumierte, hatte ihn stark erregt. Er bedrängte zunächst seine Ehefrau, doch diese wies ihn barsch zurück. Die Ahnungslose hatte eine Flasche Sekt geleert, war nun müde und wollte von dem Begehren ihres Mannes nichts wissen. Namenloser Zorn keimte in dem Abgewiesenen auf, er war zutiefst verletzt. Doch er ließ sich nichts anmerken. Gemeinsam ging das Ehepaar zu Bett und schon bald war die fröhliche Zecherin an seiner Seite eingeschlafen. So bemerkte sie auch nicht, wie der Liebeshungrige wieder aufstand und sich auf leisen Sohlen aus der Wohnung stahl.

Fast zwei Stunden lang streunte er nun durch die Nürnberger Altstadt. Mit jeder Minute steigerte sich sein Drang nach geschlechtlicher Befriedigung. Alle Frauen, die er mit seinen Wünschen bedrängte, lehnten seine schlüpfrigen Angebote ab, drohten damit, die Polizei zu rufen. Für den Besuch einer Dirne reichte das Geld des Verzweifelten nicht, denn er lieferte nahezu den ganzen Monatslohn in die Haushaltskasse ab. So reifte in dem einsamen Spaziergänger der Entschluß, sich in dieser Nacht gewaltsam »Liebe« zu verschaffen.

An der Lorenzerkirche entdeckte er plötzlich eine junge Frau, die allein durch eine menschenleere Straße ging. Kaum mehr seiner Sinne mächtig, folgte er dem Mädchen mit der hübschen Figur. Es war die damals 28jährige Friseuse Monika Bär, die das Interesse des enthemmten

Bummlers erregt hatte. Ihr Freund lebte in Berlin, deshalb ging sie nur sehr selten aus. Auch diesen Abend wollte sie lieber zu Hause verbringen. Dann aber überredete sie eine Kollegin doch noch zu einem Stadtbummel zu dritt.

Als die Gruppe nach Mitternacht ein Lokal in der Adlerstraße aufsuchte, verlor das Mädchen die Lust an den Kneipenbesuchen. Zwar riet ihr der Bekannte ihrer Freundin, ein Taxi zu nehmen, aber im Lokal war das Telefon belegt. Auch der Standplatz vor der Kirche war nicht besetzt. Müde von dem turbulenten Abend, beschloß Monika Bär nun, die knapp eineinhalb Kilometer bis zu ihrem Appartement in der Bahnhofstraße zu Fuß zurückzulegen.

Während sie durch die Altstadt schlenderte, glaubte die attraktive Friseuse einen Mann zu bemerken, der sie von der anderen Straßenseite aus beobachtete. Im Halbdunkel konnte sie jedoch nicht den faustgroßen Zementbrocken erkennen, den die Gestalt vom gegenüberliegenden Bürgersteig kurz zuvor aufgehoben hatte. Gegen ein Uhr nachts erreichte die junge Frau den Eingang ihres Wohnhauses. Vielleicht registrierte sie hinter sich den Fremden, vielleicht glaubte sie, daß es sich bei ihm um einen Mitbewohner des Betonklotzes handelte. Arglos knipste sie die Flurbeleuchtung an, wobei der Mann flink wie ein Wiesel hinter ihr durch die Türe gehuscht war. Noch immer spürte sie die drohende Gefahr nicht.

Kurz vor dem Aufzug erlebte die gebürtige Breslauerin dann eine böse Überraschung: Wie ein Panther sprang sie der scheinbar harmlose Verfolger von hinten an. Noch ehe sie den ersten Schrei ausstieß, schlug ihr der Rohling den Zementbrocken fünfmal ins Gesicht und stieß sie zu Boden. Ungeachtet der tiefen Wunden, die er ihr zugefügt hatte, keuchte der Unhold seinem Opfer den Wunsch nach sexuellen Perversionen ins Ohr. Blut umnebelte seinen Blick.

Aber Monika Bärs Lebenswille war erwacht. Sie schrie, riß dem Sittenstrolch die Brille vom Gesicht und zog in ihrer Angst auch die Krawatte vom Kragen.

Den Fremden erfaßte Panik. Seine Hände erfaßten mit einem Mal den Hals der am Boden liegenden Frau. Der Würger war beinahe am Ziel, da wurde die verzweifelte Stimme gehört. Nur mit einem Schlafanzug bekleidet, stürmte der Hausmeister die Treppen herunter. Verstört schimpfte er: »*Was ist denn da los?*« und rettete der Friseuse damit das Leben. Ihr Peiniger bekam es mit der Angst zu tun, ließ sein blutüberströmtes Opfer los und taumelte zur Haustür. Zunächst versuchte der erschrockene Mann, dem Unbekannten nachzueilen; auch ein zufällig des Weges kommender Passant beteiligte sich an der Verfolgung. Doch der Triebtäter war flink. Schon bald war er im Straßengewirr des Bahnhofsviertels untergetaucht. Mittlerweile hatte die Frau des Hausmeisters die Polizei verständigt.

Und wieder war Daucher einer der ersten Beamten, die am Tatort eintrafen. Monika Bär, zu diesem Zeitpunkt bereits in der Klinik, war nicht ansprechbar. Eine wenig später vorgenommene Untersuchung zeigte, daß die Mißhandelte – trotz des schrecklichen Erlebnisses – noch Glück gehabt hatte: Nur das Nasenbein war gebrochen, ein Zahn fehlte, alle übrigen Verletzungen erwiesen sich als Schwellungen und Rißwunden. Im Laufe der Jahre verschwanden zwar die äußeren Spuren der hinterhältigen Attacke aus dem Gesicht der jungen Frau, doch die seelische Erschütterung hatte sich unauslöschlich in ihr Gedächtnis gebrannt.

Die Beamten der Mordkommission sammelten Details. Am Tatort war erneut kein Mensch in der Lage, eine exakte Beschreibung des Unholds abzugeben. Der Täter sollte etwa 1,80 m groß und schlank sein und im Gesicht recht hager wirken. Das waren recht allgemeine Angaben. Ein

Racheakt schied mit hoher Wahrscheinlichkeit aus. Die Nachbarn bescheinigten Monika Bär einen tadellosen Ruf und wie die weiteren Ermittlungen belegten, schieden auch die Bekannten der jungen Frau aus; sie hatte übrigens nicht viele. Die wenigen Menschen, zu denen private Kontakte bestanden, verfügten über sichere Alibis und keine Motive, die einen derartigen Überfall denkbar erscheinen ließen.

Aber für die Mordkommission blieben neben dem Tatwerkzeug ja auch noch die Brille und die Krawatte des Würgers. Letztere schied sofort als Fährte aus, da sie als Dutzendware in vielen Kaufhäusern zu finden war. Niemand merkte sich dort das Gesicht eines Kunden oder schrieb sich dessen Namen auf. Mehr Erfolg brachte schon die eilig im Labor vorgenommene Brillenuntersuchung. An den Innenseiten der Bügel konnten feine Gravuren ausgemacht werden. Noch im Morgengrauen wurde deshalb der Obermeister der örtlichen Optikerinnung aus dem Bett geholt. Er versetzte die Beamten wieder zurück in die nüchterne Realität.

Es handelte sich bei dem Fundstück nämlich nicht um eine Spezialanfertigung, sondern – wie die Ziffern und Buchstabencodes zeigten – um eine einfache Kassenbrille. Und damit begannen die Schwierigkeiten. Zwar waren die Betriebsnummern der Lieferfirma und die Initialen des Herstellers in die Metallschläge des Gestells eingestanzt, aber das betreffende Unternehmen konnte selbst mit Hilfe des Verbandes nicht festgestellt werden. Ein sprichwörtliches Gebirge von Arbeit erwartete deshalb die Männer der Mordkommission. Über 100 Augenoptiker der Stadt und der unmittelbaren Peripherie mußten befragt werden.

Teils genügte ein Telefonat, oft aber mußten die Kripo-Leute bei dem betreffenden Handwerker persönlich vorbeifahren. Das Engagement der Beamten bei der Befragungsaktion blieb ohne Ergebnis. Daucher entschied, die Presse um Unterstützung zu bitten. Tags darauf lasen es auch die Sehglas-Experten im Umland: Dringend gesucht wurde der Fabrikant von Brillengestellen, die das Kürzel »KA« trugen. Aus dem Nürnberger Vorort Stein rief kurz danach ein Brillenmachermeister den Chef der Mordkommission an: Das Fundstück stamme aus einem Familienbetrieb in Oberfranken. Dort wußte man zwar, daß das betreffende Modell ab 1967 vertrieben worden war, aber es waren davon über 200 Stück an zwölf Einzelhändler der Region Nürnberg geliefert worden. Die Arbeit uferte weiter aus und führte dennoch erneut nur in eine Sackgasse. Die Kundenkarteien der betroffenen Augenoptiker erwiesen sich nämlich bei den folgenden umfangreichen Durchsichten als zu lückenhaft oder als *»nach zu verschiedenen Gesichtspunkten geordnet«*.

Nun beschloß das Team, sich auf einen besonderen Hinweis der Augenoptiker zu konzentrieren. Danach konnte man nur über Fachärzte oder die Krankenkassen der Stadt bei der Suche nach dem Besitzer der Brille weiterkommen. Nach kurzer Diskussion über den zu erwartenden immensen Umfang der notwendigen Recherchen fiel die Entscheidung, sich durch die Archive der Krankenkassen zu wühlen. Insgesamt 41 einschlägige Institute galt es, vor Ort zu überprüfen. Dort lagen nämlich, jeweils zwei Jahre lang, alle Rezepte für Augengläser auf. Neben allgemeinen Daten, enthielten jene Dokumente auch grundsätzlich die Werte der Sehschärfenbestimmung. Die Dioptrien-Zahlen konnten also weiterverwendet werden. Nur eine Notbesetzung bezog am nächsten Tag noch Stellung im Dienstzimmer der Kripo. Alle übrigen Beamten durchforsteten die Ablagen der Krankenkassen.

Den Männern war binnen kurzer Zeit das Glück der Tüchtigen hold: Schon nach etwas mehr als 24 Stunden hatten sie vier Bestellungen aussortiert, die nach Herstellernamen und Gläserkombination identisch und zudem für Männer bestimmt waren. Keiner der Beamten dachte nun an Pause oder gar an Feierabend. Sofort begann man vielmehr, die vier Verdächtigen zu »durchleuchten«. Drei davon schieden bald aus. Sie besaßen hieb- und stichfeste Alibis für die Tatnacht. Übrig blieb der 39jährige Bruno Conrad, ein Gießereiarbeiter.

Ihm war im Dezember 1967 eine Brille mit der betreffenden Kombination von einem Nürnberger Augenarzt verordnet und drei Tage vor Weihnachten von einem Augenoptiker verkauft worden. Dessen Geschäft zählte zu den Läden, die von der oberfränkischen Firma beliefert worden waren. In der Kundenkartei des Handwerkers fehlte jedoch der Name Conrads, obwohl der Meister selbst die Gläser eingeschliffen und das Gestell auch persönlich Conrad überreicht hatte. Durch zwei kleine Diebstähle in der Nachkriegszeit war der Verdächtige im Präsidium bereits aktenkundig geworden. Sein Aussehen stimmte mit der Beschreibung des Gesuchten überein.

Bereits am 28. Mai verhafteten ihn drei Beamte an seinem Arbeitsplatz. Doch wie viele Gewalttäter, die einige Zeit lang unentdeckt geblieben sind, bestritt der Festgenommene das Verbrechen heftig. Er gab an, in den letzten vier Wochen abends nie ausgegangen zu sein, was seine Ehefrau bestätigte. Des weiteren versuchte Conrad, die vernehmenden Beamten mit der Behauptung zu bluffen, er besitze nur eine Brille, nämlich diejenige, die er gerade trage. Die Befragung seiner Verwandten und Bekannten stempelte ihn binnen kurzem zum Lügner. Er verfügte über eine Zweitbrille.

Conrad kam nicht mehr aus der Schlinge, die er sich mit dem Überfall auf die Friseuse selbst um den Hals gelegt hatte. Das Mädchen und der Hausmeister erkannten ihn einwandfrei wieder. Seine Frau bestätigte nun, daß es sich bei den im Hausflur gefundenen Gegenständen um das Eigentum ihres Mannes handelte. Daucher durfte mit gesicherten Beweisen in die entscheidende Vernehmung gehen. Er verlangte nicht sofort ein Geständnis. Lange befragte er den nervösen Arbeiter nach scheinbar nebensächlichen Dingen. Dann kam er auf den Kern der Sache zu sprechen. Nach vier Stunden gab Conrad auf. Ja, er habe die Frau niedergeschlagen. Aber nur ganz sanft und nur einmal.

Das Sittendezernat hatte vorsorglich einige Akten mit ungeklärten Angriffen gegen Frauen beiseite gelegt. Und Conrad, der erleichtert war, weil er sich endlich aussprechen und zu seinem unseligen Tun bekennen durfte, gestand auf Vorhalt noch zwei weitere Entgleisungen. Im Juni 1963 und im Dezember 1967 hatte er zwei Frauen, eine 17jährige Schülerin und eine 27 Jahre alte Serviererin, jeweils auf dem Heimweg von der Nachtschicht mißhandelt. Erst war er seinen Opfern nachgelaufen und hatte sie mit unsittlichen Anträgen belästigt. Als sie ablehnten, war er über sie hergefallen und hatte sie gewürgt.

Nur die Schreie und die Gegenwehr der Mädchen sowie herbeieilende Passanten hatten Bluttaten verhindert. Conrad wartete bei den Vernehmungen zu den drei Sexualverbrechen mit einer Fülle von Details auf, die nur der Täter wissen konnte. Daucher und sein Stab durften sich gratulieren. Die von Conrad preisgegebenen Verstecke der blutverschmierten Kleidung aus dem Fall Monika Bär bildeten nur noch letzte Steine zu dem großteils schon fertiggestellten Mosaikbild eines triebkranken Menschen in der Haut des Biedermannes.

Für Daucher und sein Team schienen sich die Ermittlungen ihrem Ende zuzuneigen. Aber routinemäßig befragte man den gesprächigen Schläger auch zu ungeklärten Morden. Conrad stritt jedoch jeden Zusammenhang damit ab. Auch mit dem brutalen Ableben des Frührentners Vogel wollte er nichts zu tun haben. Doch Daucher, der es sich nicht nehmen ließ, auch noch jene 08/15-Befragungen persönlich durchzuführen, blieb mißtrauisch.

Zu Recht, denn in Bruno Conrads Gewissen gärte es. In seiner Gefängniszelle steigerte er sich allmählich in eine Haftpsychose. Sie ließ ihn bald völlig zusammenbrechen. Am 27. August 1969 verlangte er von seinem Wärter, zum Direktor geführt zu werden, er wollte einen Mord gestehen. Noch nahm man ihn nicht ernst. Doch einige Tage später wurde er tatsächlich zum Anstaltschef gebracht, wo es aus ihm heraussprudelte: Er habe Georg Vogel im Mai 1960 erschlagen.

Danach hatte der von allen Herumgestoßene in jener Mainacht 1960 versucht, sich wieder einmal nach dem Recht der Gosse Geld zu verschaffen. Wie er Daucher gestand, weil er das Geld für ein Muttertagsgeschenk vertrunken hatte und sich außerdem auf dem Nachhauseweg noch bei einem Strichmädchen Liebe kaufen wollte. Conrads Jähzorn über die eigene Willensschwäche, die ungerechte Welt und den sich wehrenden Betrunkenen verleiteten ihn zum Mord.

Acht Jahre später war es sein ungestilltes sexuelles Verlangen gewesen, das Conrad beinahe erneut hätte zum Mörder werden lassen. Von Geburt an auf der Schattenseite des Lebens stehend, suchte ein von der Primitivität des Milieus behafteter Mann Zuneigung, die für ihn allein aus Sex bestand, aber auch aus so etwas wie Macht. Selbst wenn sie nur dazu reichte, einen Schwächeren durch Prügel einzuschüchtern und ihm als Beweis der Stärke Geld abzunehmen. Jeweils zu spät erkannte der Mann das Unheil, das er angerichtet hatte. Nach dem Überfall auf Monika Bär plante er angeblich davonzulaufen oder sich etwas anzutun. Nur die Rücksicht auf seine Familie habe ihn vor einem Selbstmord abgehalten.

Im Sommer 1969 stand Bruno Conrad dann vor dem Schwurgericht beim Landgericht Nürnberg-Fürth. Schon Monate vorher hatte er sein Geständnis widerrufen. Doch an den von Daucher und seinen Männern akribisch zusammengetragenen Beweisen ließ sich nicht rütteln. Das Gericht folgte dem Antrag des Oberstaatsanwalts und verurteilte den Arbeiter zu lebenslanger Freiheitsstrafe, eingeschlossen war die Aberkennung der bürgerlichen Ehrenreche auf Lebenszeit. Die saubere Vorarbeit eines kleinen Sachbearbeiters im Frühjahr 1960 und der eiserne Durchhaltewille desselben Kriminalisten acht Jahre später hatten sich bezahlt gemacht.

DER MITTAGSMÖRDER

DER FALL KLAUS GOSMANN
1962–1965

Mit Schmährufen wird Klaus Gosmann bei einer Tatortbegehung bedacht.

»Geld her oder das Leben!«

In bayerischen Städten und Dörfern herrscht seit alters der Brauch des 12-Uhr-Läutens. Zwischen 1962 und 1965 wurde dieses Läuten der Kirchenglocken im fränkischen Raum zweckentfremdet: Sie verkündeten vier Menschen den Tod, was dem Schützen den Beinamen *»Mittagsmörder«* eintrug. Zu Unrecht übrigens, denn nie hat bei seinen Taten die mittägliche Uhrzeit eine Rolle gespielt, wie er selbst versicherte: *»Ich bin kein Frühaufsteher, und meine Vorbereitungen haben immer so lange gedauert, daß es kurz vor zwölf Uhr war, wenn ich in Aktion trat …«*

Der junge Mann hatte sich damals zum selbstherrlichen Richter über das Leben aufgeworfen. Sein Machtmittel waren vier Pistolen, seine Devise hieß: *»Wer sich mir in den Weg stellt, muß sterben.«* Insgesamt sieben Personen fielen dem Volkswirtschaftsstudenten zum Opfer: 1960 die Verlobten Valeska Eder und Enrique Hering in Nürnberg; 1962 der Kassier Erich Hallbauer in Ochenbruck und der Kassenbote Oskar Seidel in Neuhaus/Pegnitz; 1963 die Waffenhändler Karola und Helmut Hannwacker (Mutter und Sohn) in Nürnberg und 1965 der Hausmeister Otto Thieme, ebenfalls in Nürnberg.

Die Suche nach dem Unbekannten, der so rücksichtslos von der Schußwaffe Gebrauch machte, dauerte fast ein halbes Jahrzehnt.

Mehrere Punkte in der Arbeitsweise des damals noch völlig unbekannten Killers hatten schon 1963 bei Emmeram Daucher, dem berühmten Chef der Nürnberger Kripo, den Verdacht erweckt, daß der gesuchte blasse Jüngling mit den mittelblonden, glatt zurückgekämmten Haaren und den auffallend schmalen Händen aus dem Raum Lauf/Hersbruck stammen mußte. Eine erste Überprüfung von 1211 Männern, die zwischen 22 und 33 Jahre alt sowie im Raum Lauf wohnhaft waren, verlief 1963 ergebnislos. Als man Hersbruck mit einbezog, stand auch Klaus Gosmann zur »Durchleuchtung« an, doch war dieser zu jenem Zeitpunkt noch als Student in Nürnberg ansässig und somit in der mütterlichen Wohnung in Hersbruck nicht anzutreffen. So ging das Spurenblatt zur Mordkommission nach Nürnberg, wo man den routinemäßig zu Befragenden ebenfalls nicht auftreiben konnte. Er hatte sich inzwischen dort abgemeldet und war nach Hersbruck zurückgekehrt.

Augenzeugen eines Sparkassenüberfalls in Leinburg (1962) und des Botenmordes in Neuhaus/Pegnitz, für die beide der *»Mittagsmörder«* in Betracht kam, erkannten bei einer der unzähligen Durchsichten von Lichtbildern

Verdächtiger den blassen Eigenbrötler nicht wieder. So kam das Spurenblatt in die Mappe »Unerledigtes«. Dort blieb es zunächst liegen und wurde vom Lauf der Ereignisse des Jahres 1965 überrollt.

Menschliche Nachlässigkeit, vielleicht sogar Trödelei als Resultat hunderter ergebnisloser Nachforschungen ließen Gosmann noch einmal entkommen. Erst die vielen älteren Nürnbergern gut in Erinnerung gebliebene Tragödie vom 1. Juni des Jahres 1965 spielte der Polizei den Mörder in die Hände.

1. Juni 1965, 16 Uhr. Die ersten Büros und Fabriken in Nürnberg schlossen. In den Geschäften und Ladenstraßen der Stadt begann ein lebhaftes Treiben. Im Gedränge des Kaufhauses Hertie schlenderte ein junger Mann, Mitte zwanzig, unscheinbar. Unter dem Arm trug er eine abgewetzte Aktentasche. Gelangweilt wühlte er an den Warentischen. Allein seine Augen verrieten Nervosität. Er musterte die an ihm vorbeieilenden Frauen genau. Welche trug eine pralle Handtasche? Konnte man an eine Börse kommen? Der blasse Jüngling brauchte Geld.

Er war bereits im April von einer Pioniereinheit in München desertiert, zu der er sich Wochen vorher noch freiwillig gemeldet hatte. Sogar sein Studium hatte er aufgegeben, um zur Bundeswehr zu kommen. Zwei Träume trieben ihn zum Militär. Zum einen hoffte er dort auf die schnelle, große Karriere. Schließlich hatte sein gefallener Vater im Zweiten Weltkrieg einen Hauptmannsrang bekleidet. Beruflicher Erfolg sollte dem Eigenbrötler endgültig Herz und Hand von Markusine sichern, die er bald heiraten wollte (und die sich nun Anfang April so plötzlich von ihm getrennt hatte). Zum anderen wünschte er sich Macht, legale Gewalt über Menschen, das Vergnügen, ihnen befehlen zu können. Notfalls auch mit Waffen – seinem Lieblingsspielzeug neben Autos und Motorrädern – glaubte er, bei den Grauröcken tagtäglich frei hantieren zu dürfen. In seinem Gehirn existierte nur der Gedanke, an einige Scheine heranzukommen. Mit seiner Mutter konnte er keinen Kontakt aufnehmen, denn die Feldjäger überwachten ihre Wohnung in Hersbruck. Klaus Gosmann brauchte Bares. Sein Zimmer kostete Geld und auch das Essen ... Er wollte ja auch als Gejagter leben! Außerdem hatten alle seine früheren Überfälle immer geklappt. Und wenn er angegriffen wurde, besaß er doch seine Pistolen. Auch diesmal trug er zwei davon in der Aktentasche und eine im Schulterhalfter mit sich. Plötzlich tauchte eine Frau auf, die ihm als Opfer geeignet erschien.

Sie stellte ihre Tragetasche auf ein Podium in der Nähmaschinenabteilung. Vertieft in die Betrachtung des Angebotes, bemerkte die 38jährige nicht, wie sich der Dieb an sie heranschlich, blitzschnell ihr Eigentum packte und dann unauffällig davonschlenderte.

Klaus Gosmann hastete zum Ausgang. Er kannte die Innenstadt und ihre Schleichwege. Rasch war er bei seinem Wagen und setzte sich hinters Steuer. Er hatte den VW Käfer erst wenige Tage vorher im Nachbarort Fürth gestohlen. Nervös öffnete der Fahnenflüchtige seinen Fang und fand darin ein Portemonnaie mit ... elf Mark. Wütend schleuderte er die Beute auf den Rücksitz. (Was er nicht wußte: In einem Seitenfach der achtlos weggeworfenen Börse steckten 300 DM). Der Deserteur kletterte wieder aus dem Wagen. Nun strebte er auf das Bekleidungshaus C & A-Brenninkmeyer in der Breiten Gasse zu. Im ersten Stock fand er genügend Kundinnen zu mustern.

Bald darauf glaubte er, ein unachtsames Opfer gefunden zu haben. Scheinbar achtlos stellte eine Bäuerin ihre Tasche auf den Boden. Ein Griff, und schon hatte der Dieb die Beute in den Händen. Doch die Bestohlene bemerkte die

Tat und begann, lauthals zu schreien. Gosmann stürmte mit gezückter Pistole die Treppe hinunter, stieß die Wirtsfrau zur Seite und stürzte zum Ausgang. Ein Kunde, der Gastwirt Ernst Oed, wollte den Rüpel fassen. Da feuerte Gosmann zwei Schüsse ab.

Ein Projektil traf den Oberarm des Kneipiers, das zweite Geschoß bremsten 3000 DM in seiner Brieftasche. Sie verhüteten damit einen tödlichen Herz- bzw. Lungenschuß. Ernst Oed hatte Glück! Mehr als Hausmeister Thieme. Auch der stellte sich Gosmann in den Weg. Und der fliehende Dieb kannte kein Erbarmen. Er wußte, daß er sich nicht stoppen lassen durfte, sonst kam bald die Polizei. Vielleicht, ja ganz sicher, würden sie seine Pistolen auf dem Beschußstand testen und die Kugeln vergleichen: mit den Projektilen in den Mordfällen Hallbauer, Seidel und Hannwacker.

Erneut feuerte der ertappte Taschendieb Schüsse ab. Für Hermann Thieme waren diese Laute vermutlich die letzten Geräusche, die er auf Erden hörte. Er brach, von fünf Brustschüssen tödlich getroffen, zusammen. Die umstehenden Leute sahen den Toten sekundenlang schreckensstarr an. Dann hallten ihre Entsetzensschreie hinter dem davonstürzenden Täter her.

Schon längst hatte Klaus Gosmann die Handtasche fallen lassen. Wieder wollte man ihn aufhalten. Drei Männer, etwa in seinem Alter, umklammerten ihn kurz. Doch der Verbrecher entwickelte Bärenkräfte und schüttelte sie ab. Der Killer taumelte auf die Straße. Noch im Laufen steckte er die bisher benutzte und leergeschossene Pistole (PPK, Kaliber 7,65 mm) in das Schulterhalfter zurück, riß aus der Aktentasche eine »Duo Z« (Kaliber 6,35 mm) und schoß weiter. Er mußte es schaffen zu entkommen. Wenn auch dieses Magazin leer war, blieb ja immer noch die

Parabellum. Die Menge wich zurück. Der Fluchtweg schien frei. Da hechtete sich jemand von der Seite auf ihn. Noch einmal drückte der Deserteur ab. Sein Verfolger krümmte sich mit einer lebensgefährlichen Unterleibsverletzung auf dem Gehsteig.

Doch der Tumult in der Einkaufsstraße hatte auch die Polizei auf den Plan gerufen. Ein Fußgänger und zwei Verkehrspolizisten eilten heran. Sie sahen den Verwundeten auf dem Pflaster und den flüchtigen Kriminellen. Sofort hasteten sie dem Fliehenden nach. Der Wildwestschütze vor ihnen wurde allmählich langsamer; seine Ausdauer ließ nach.

Der Passant sprang den Flüchtigen als erster von hinten an. Der Amokschütze stolperte. Zwischen den beiden Beamten und dem tobenden Gosmann entwickelte sich gleich darauf ein heftiges Handgemenge. Nur eine Ladehemmung verhinderte, daß er sich auch noch eines Polizistenmordes schuldig machte. Endlich hatte der Polizist die Handgelenke des wild um sich schlagenden Verbrechers im Griff und hakte die Handschellen ein.

Streifenwagen brausten heran. Der Festgenommene verschwand rasch im Fond eines der Autos. Er wurde sofort abtransportiert. Denn die Volksseele kochte, forderte Lynchjustiz. Von der übellaunigen Menge umringt, begannen die Spezialisten der Spurensicherung unverzüglich mit der Tatortaufnahme. Im Hintergrund heulten die Sirenen der Sankas.

Während der Todesschütze verarztet wurde, inspizierte der Kripochef den Tatort, der nur wenige Schritte vom Präsidium entfernt lag. Noch immer drängten sich dort die Menschen. Die ballistischen Untersuchungen ließen schon bald keinen Zweifel daran, daß mit der Walther PPK, Kaliber 7,65 mm, nicht nur der Hausmeister Thieme, sondern auch der Bankangestellte Hallbauer und die Waffenhändler Hannwacker erschossen worden waren. Eine sofort gebildete Sonderkommission, die bis zum März 1966 existieren sollte, wies Gosmann schließlich – durch zum Teil akribische Kleinarbeit – nicht nur die sieben Morde, sondern auch zwei vollendete und zwei versuchte Raubüberfälle sowie 22 andere Straftaten nach.

Unter den zahlreichen Zeugen, die vorzuladen und einzuvernehmen waren, befand sich auch die Witwe Hedwig Regens. Sie hatte seinerzeit gesehen, wie ein junger Mann, auf den Gosmanns Beschreibung genau paßte, die Verlobten Eder/Hering im April 1960 kaltblütig niedergestreckt hatte. Der 22. April 1960 war ein Freitag gewesen, ein Tag wie viele andere im Nürnberger Wohnhaus Tuchergartenstraße. Um 20.15 Uhr klingelte es an der Tür der wohlhabenden Hedwig Regens. Das war nichts Ungewöhnliches um diese Zeit, denn die Frau vermietete Zimmer und betrieb zudem ein Eheanbahnungsinstitut. Doch diesmal sah die Geschäftsfrau in kein bekanntes Gesicht.

»Sind Sie Frau Regens?«, fragte ein blonder junger Mann zunächst höflich. Er schien ihr etwa 25 Jahre alt, das Gesicht war rund, wirkte aber blaß. Der späte Besucher trug eine braune James-Dean-Jacke, eine dunkle Krawatte und eine dunkle Hose. Die Wohnungsinhaberin antwortete dem Fremden mit einem Kopfnicken. Das war ein Fehler, den sie aber nicht ahnen konnte. Der Twen vor ihr verwechselte sie nämlich mit ihrer Schwiegermutter, einer – seiner Meinung nach – betuchten Bankdirektoren-Witwe. Ihre Anschrift kannte er aus dem Telefonbuch. Die Greisin lebte bei der Frau ihres Sohnes. Sie war blind und saß in einem der Zimmer der Wohnung. Barsch fuhr der Fremde ihre Schwiegertochter am Eingang an: *»Geld her oder das Leben!«*

Hedwig Regens erschrak heftig, doch schien sie die Gefahr noch nicht in letzter Konsequenz erkannt zu haben. Sie dachte, ihr Gegenüber werde schon nicht schießen. Aufgeregt taumelte sie zurück und riß die dem Eingang gegenüberliegende Zimmertür auf. Sie rief den Verlobten ihrer Untermieterin Valeska Eder (42), Enrique Hering, zu Hilfe, einen gebürtigen Chemnitzer, der lange Zeit in Argentinien gelebt hatte. Das reife Paar wollte bald heiraten. Der 54jährige hatte, wie so oft schon, bei seiner Braut auf eine Tasse Tee vorbeigesehen. Hering sprang auf ... Es sollte sein Verderben sein. Als er auf den Eindringling zueilte, um ihm die Waffe aus der Hand zu schlagen, feuerte der Räuber dreimal. Mit einem Kopf-, Bauch- und Oberarmdurchschuß brach Hering, tödlich getroffen, zusammen.

Eines der Projektile durchschlug seinen Körper und drang der hinter ihm stehenden Valeska Eder durch die Lunge in das Herz. Sie war sofort tot. Nun zielte der Mörder auf die Vermieterin. Es durfte keine Zeugen geben. Doch die Waffe versagte ihren Dienst – sie hatte eine Ladehemmung! Diesen Moment nutzte die Regenssche Putzfrau Renate Löber, die das furchtbare Geschehen unbemerkt von einem Nebenraum aus mitverfolgt hatte: Schreiend stolperte sie vorbei an dem eiskalten Schützen ins Treppenhaus und auf die Straße.

Damit rettete sie ihrer Arbeitgeberin unbewußt das Leben. Denn der Jüngling in der James-Dean-Jacke wurde nun doch nervös. Wie ein Phantom verschwand der verhinderte Räuber in der Dunkelheit. Die Putzfrau hielt zwei vorbeikommende Männer an und flehte um Hilfe. Doch keiner der beiden machte sich an die Verfolgung des Schützen, sie informierten lediglich die Polizei. Nachbarn sahen einen verdächtigen Burschen in Richtung Maxtorgraben davoneilen. Wenige Minuten später lief eine Großfahndung an. Sie verlief ergebnislos.

Es änderte sich auch nach der Gegenüberstellung Gosmanns mit Frau Regens zunächst nichts an der aussichtslosen Lage für die Kripo. Zwei andere Zeuginnen sowie ein Bankangestellter aus Leinburg schüttelten ebenfalls den Kopf. Das Versteck des Deserteurs wurde gleichfalls nicht gefunden. Damit gab es keine weiteren Beweise.

Die Zeugen erkannten Gosmann nicht. Zerfiel das Kartenhaus? Als letzte stand die Antwort eines gewissen Helmut Heller aus. Drei Minuten lang verharrte der 30jährige Oberfranke vor dem getönten Glas eines venezianischen Spiegels. Sorgfältig musterte er die Gesichter der Männer im anderen Raum. Alle trugen ein Pflaster oder einen Verband, denn Gosmann war bei seinem Amoklauf schließlich verletzt worden. Dennoch erkannte der Zeuge Gosmann zweifelsfrei: *»Das ist die Person, die Seidel erschossen hat ...«*

Damit stand es 1:0 für die Kripo! Vor Polizei, Geschworenen und Richtern gab Heller folgende Schilderung des entsetzlichen Geschehens: *»Es war gegen 12 Uhr mittags. Eine Kundin hatte gerade den Raum verlassen, als der Bursche hereinkam. Er trug eine Aktentasche unter dem Arm und reichte mir einen 100-DM-Schein, den ich wechseln sollte. Als ich die Banknote auf den Tisch legte, zog er eine Pistole aus der Jackentasche und richtete sie auf mich. In dem Zimmer standen noch zwei andere Kunden, darunter auch der Firmenbote Seidel (58). Der Fremde sagte zu mir in ruhigem, leisem Ton, ich solle zurücktreten. Das habe ich dann getan. Ich habe mich nicht gerührt. Ich hatte immerzu Angst, er würde schießen. Plötzlich sprang der Räuber über den Tresen und ging auf den Tresor zu. Während er die Geldbündel ohne Hast in seine*

Aktentasche steckte, hatte er die Kunden und mich immer unter Kontrolle. Oskar Seidel ging dann plötzlich zum Tresen, über den Gosmann gesprungen war. Ich glaube, Seidel hatte noch nichts bemerkt. Er sah immer nur mich und dann den Fremden an. Ich dachte, jetzt hätte er alles gespannt und würde stehenbleiben. Doch nein! Er ging weiter. Der Unbekannte hatte das auch gesehen. Er hob die Pistole (P 38, Kaliber 9 mm) und schoß sofort, ohne einen Ton zu sagen. Dreimal! In dem Augenblick bin ich in den Tresorraum gelaufen. Ich kam erst wieder heraus, als ich nichts mehr hörte.«

Im Kundenraum verblutete unterdessen das vierte Opfer des Mittagsmörders. Eine Kugel war ihm in die Brust gedrungen. Die andere hatte die Halsschlagader zerfetzt. Mit 5160 DM Beute flüchtete der Todesschütze. Er sprang in einen VW, den er tags zuvor in Lauf gestohlen und nun mit laufendem Motor unweit der Sparkasse geparkt hatte. Den Wagen stellte er später nahe dem »Grauen Felsen« bei Stöppach ab. Das Landeskriminalamt und die Vereinigten Sparkassen setzten 4000 DM Belohnung für die Ergreifung des brutalen Mörders aus. Die Kriminalaußenstelle Neustadt/Waldnaab überprüfte fast 5000 Personen und Hinweise – erfolglos.

Am 2. Juni 1965, gegen 19 Uhr, wurde der Chef der Kripo endgültig von einem Alptraum befreit: Die langgesuchte Mordwaffe im Falle Eder/Hering konnte gefunden werden. Außerdem stand fest, daß die entdeckte P 38 bei der Bluttat in Neuhaus und im Falle Hannwacker verwendet worden war. Der Kreis hatte sich geschlossen.

Schließlich gelang es dem Erkennungsdienst nachzuweisen, daß Gosmann seine Pistolen bei raffinierten Diebstählen in Nürnberg (1959), Amberg (1960) und Garmisch-Partenkirchen (1962) erbeutet hatte. Weitere Nachforschungen ergaben, daß Gosmann über gefälschte Führerscheine und Ausweispapiere verfügte, ein Kidnapping geplant hatte, das ihm 30000 bis 50000 DM bescheren sollte, und ein ganzes Arsenal an gestohlenen Gegenständen verwahrte. Als besonders wichtige Entdeckung entpuppte sich aber ein abgegriffenes Heft mit der Aufschrift *»Zielpolitik«*. In ihm ließ Gosmann seinen wirren Träumen von Herrenmenschentum, von Macht und Freiheit, die er erringen wollte, ihren Lauf. Ein Satz erregte das besondere Interesse der freiwilligen Nachtarbeiter bei der Kripo: *»P 38, Walther PPK und FN sind anrüchig.«* Hier distanzierte sich offensichtlich ein Mörder von seinem Werkzeug.

Noch immer erhoffte sich Kripochef Daucher ein Geständnis. Als es ausblieb, bemühte er sich darum, zu Gosmann persönlichen Zugang zu fnden. Zunächst studierte er Gosmanns Vita. Er erfuhr, daß Gosmann am 1. September 1940 als zweites Kind der Berufsoffizierseheleute Gosmann in Frankfurt an der Oder geboren worden war. Der Vater fiel 1944 in Rußland, die Mutter mußte mit den beiden Söhnen über Husum ins fränkische Kraftsbuch fliehen. Eine Tante von ihm wohnte in Hersbruck, weshalb seine Mutter bald dorthin zog. Nach der fünften Volksschulklasse und guten Zeugnissen wechselte Klaus auf die örtliche Oberrealschule, mußte dort die vierte Klasse wiederholen und vergrub sich daraufhin immer tiefer in die Phantasiewelt von Abenteuer- und Wildwestheftchen. Schon damals wurde er von seinen Lehrern als Einzelgänger bezeichnet.

Obschon das Verhältnis zu seinem älteren Bruder nie sehr gut gewesen war, schenkte dieser dem »Kleinen« 1956 ein Moped. Mit dem Zweirad durchstreifte Gosmann seine nähere Heimat, lernte sie dadurch kennen und nutzte dieses Wissen später für seine Verbrechen. Im selben Jahr keimte auch das Interesse des Jungen für Schußwaffen auf. Dank der Freizügigkeit seiner Mutter, die eine gute Rente erhielt und sich zudem noch nebenbei als Bürokraft Geld verdiente, kaufte er sich ein Luftdruckgewehr, eine Luftdruckpistole und einen Schreckschußrevolver, mit dem er in den Wäldern rund um Hersbruck Schießübungen veranstaltete. Für den Kripochef stand schließlich fest, daß Gosmann ein kontaktarmer Mensch war, der vom Geld seiner Mutter gelebt hatte, zu Mädchen kaum richtig Kontakt bekommen konnte und sich deshalb immer intensiver mit seinen »Ersatzgeliebten«, den Autos und den Waffen, beschäftigte.

Das behutsame Vorgehen Dauchers zahlte sich aus. Am 5. August, um die Mittagszeit, gestand Gosmann alles – von der »läppischen« Jagdwilderei über zwei brutale Raubattacken gegen Frauen bis hin zu den Morden. Mit Zeugenaussagen, Beweisstücken, aber nicht zuletzt dieser Beichte, brachte die Kripo endlich auch Licht in das

Eines der Opfer des
Mittagsmörders: Oskar Seidel.

grausame Ableben von Erich Hallbauer, dem Kassier in der kleinen Sparkassenfiliale von Ochenbruck und dritten Opfer des Mittagsmörders. So hatte sich am 10. September 1962 alles abgespielt:

Kurz vor 12 Uhr stand Hallbauer allein im Kassenraum. Ein Geräusch an der Tür ließ ihn den Kopf heben. Ein blasser junger Mann betrat den Schalterraum. Er trug einen Beutel in der Hand. Mit einem freundlichen Lächeln ging Hallbauer an den Schalter. Gosmann verlangte mit vorgehaltener Pistole das ganze Geld. Als der Kassier nach unten faßte, nahm der Räuber an, daß er nach einer Schußwaffe griff, und drückte sofort ab. Hallbauer blieb keine Chance, den Alarmknopf zu betätigen. Drei Kugeln des Kalibers 7,65 mm drangen in seinen Körper: zwei ins Herz, eine in den Kopf. Der Täter räumte kaltblütig die Kasse aus, allerdings nur das Papiergeld.

Mit einer Beute von 3060 DM verließ Gosmann die Filiale, hastete über die angrenzenden Felder zu einem Bahndamm, in dessen Nähe er sein gestohlenes Krad geparkt hatte, und raste davon. Erst um 12.15 Uhr kam ein Tanksstellenbesitzer in die Schalterhalle. Er wollte Geld einzahlen und entdeckte entsetzt den Kassier in seinem Blut. Die herbeigerufene Polizei leitete zwar sofort eine Großfahndung ein, doch erbrachte sie keinerlei Erfolg.

Ein ähnlicher Fall spielte sich im Juni 1961 in Leinburg ab, doch glücklicherweise gab es dabei keinen Toten. Die Geldgier Gosmanns führte noch zu schrecklicheren Überfällen. In seinem Geständnis ging er auch ausführlich auf den Doppelmord an Mutter und Sohn Hannwacker ein. Die beiden Opfer kannten Gosmann seit 1959. Nach eigenen Angaben hatte er im Laden der beiden, den Karola Hannwacker betrieb, schon des öfteren Magazine und Zubehör für seine Pistolen gekauft. Kurz vor seinem gewaltsamen

Ende machte Hannwacker dann bei der Polizei undurchsichtige Andeutungen, daß er vielleicht über eine Pistole P 38 (Tatwaffe in Neuhaus) etwas erzählen könnte.

Gosmann gab zwei Versionen von dem Geschehen, das sich am 29. März 1963 gegen 12 Uhr im Flachbau an der Allersberger Straße abgespielt hatte. In seinem ersten Geständnis vom August 1965 erklärte er, Hannwacker eine seiner Pistolen zum Kauf angeboten zu haben. Er habe sie dem Händler gereicht, der die Waffe nicht mehr herausgab. *»Der wollte mich verpfeifen«*, bekannte der Untersuchungshäftling damals zunächst als sein Motiv. Angeblich wußte der Kaufmann, daß sein Besucher eine Pistole von jenem Kaliber besaß, mit dem Enrique Hering und Valeska Eder getötet worden waren. Die zweite Schilderung des blutigen Dramas erschien nach den Indizien für weitaus glaubwürdiger.

Demnach betrat Gosmann den leeren Verkaufsraum in der Absicht, Geld und Waffen zu stehlen. Er rechnete nur mit der Anwesenheit von Karola Hannwacker, die er bei einem eventuellen Widerstand *»mit einem Kinnhaken erledigen«* wollte. Nur aus Gewohnheit hatte er die P 38 in seine Aktentasche und die Walther PPK in das Schulterhalfter gepackt. Gosmann wußte nicht, daß Helmut Hannwacker Minuten vorher durch ein Fenster des Hinterhofes in den Laden eingestiegen war, um bei seiner Mutter zu Mittag zu essen. So machte sich der dreiste Raubmörder gleich an die Ladenkasse und wurde dabei von Frau Hannwacker überrascht. Der Waffennarr zog sofort die PPK und drängte die Geschäftsinhaberin in die Werkstatt zurück. Angstvoll rief die Bedrohte nach ihrem Sohn Helmut. Zwischen den beiden Männern entspann sich ein Wortgefecht, das in ein Handgemenge mündete. Dabei entfiel Gosmann die Pistole. Karola Hannwacker hob sie auf und zielte auf den

Eindringling, drückte jedoch nicht ab, weil auch ihr Sohn in der Schußlinie stand.

Mittlerweile war bei der Rauferei die P 38 aus der Aktentasche gefallen. Blitzschnell bückte sich Gosmann, hob sie auf und zog den Abzug durch. Zwei Schüsse trafen Frau Hannwacker und verletzten sie lebensgefährlich. Verzweifelt versuchte nun Helmut Hannwacker, die PPK zu ergreifen, die seiner Mutter entfallen war. Noch einmal schoß Gosmann aus der P 38. Knapp neben seiner Mutter stürzte der Sohn mit einem tödlichen Bauchschuß zu Boden. Schwer atmend richtete sich Gosmann auf. Noch röchelten seine Opfer. Doch sie mußten verstummen, wieder durfte es keine Zeugen geben. Was dann geschah, berichteten die Forensiker vor dem Schwurgericht so: *»Beide Personen wurden im liegenden Zustand durch jeweils einen Kopfschuß aus der PPK exekutiert.«*

Nach diesem Meuchelmord besaß Gosmann noch die Nerven, Verkaufsraum und Werkstatt zu durchwühlen, einen Revolver und aus der Ladenkasse 10 DM Hartgeld mitzunehmen. Dann setzte er sich seelenruhig in Richtung Altstadt ab. Auch diesmal hatte niemand die Tragödie bemerkt. *»Bei Hannwackers krachte es öfters, wenn sie Revolver ausprobierten«,* lautete die Auskunft von Nachbarn, als sie von Polizeibeamten vernommen wurden.

Es konnte niemals nachgewiesen werden, ob Helmut Hannwacker mit seinem Mörder zsammengearbeitet hat oder nicht. Ebensowenig konnten Spuren für die Mittäterschaft oder Mitwisserschaft anderer ehedem Verdächtiger gefunden werden. Auch Kripochef Daucher hielt dies für ausgeschlossen.

Im bald darauf angesetzten Prozeß wurde Klaus Gosmann zu einer lebenslänglichen Freiheitsstrafe verurteilt; die bürgerlichen Ehrenrechte wurden ihm auf Lebenszeit aberkannt. Eine im Auftrag seines Klienten noch eingelegte Revision wurde vom Bundesgerichtshof verworfen.

Anderen überlegen sein – diesen Lebenstraum träumte Klaus Gosmann auch weiter im Gefängnis. Ehrgeizig wie in der Schule, wo er den 100-Meter-Rekord mit 11,2 Sekunden hielt, büffelte er in der Justizvollzugsanstalt Straubing Psychologie. Ein Zwölf-Semester-Fernstudium bestand er mit Note 1. Bei einem Telekolleg in Physik, Chemie, Mathematik und Sprachen schnitt er als bester Teilnehmer der Strafanstalt ab. In den Jahren danach versuchte er die Gefängnisleitung davon zu überzeugen, daß er durchaus in der Lage sei, sich in die Gesellschaft einzufügen und daß er sich zu keiner Arbeit zu schade sei.

Jahrelang scheiterten Anträge Gossmanns auf Freilassung. Doch im Jahre 2015 wurde der am längsten einsitzende Gefangene Deutschlands nach exakt 50 Jahren Haftverbüßung doch entlassen.

DER VAMPIR VON NÜRNBERG

DER FALL KUNO HOFMANN
1972

»Willst du dich etwa an den toten Frauen vergnügen?«

Am Freitag, dem 5. Mai 1972, saß der Leichenwärter Georg Wurm gegen 22.30 Uhr in seiner Dienstwohnung neben dem Krematorium am Nürnberger Westfriedhof. Er sah fern, aber das Programm sagte ihm nicht sonderlich zu. Seit Wochen schon beschäftigte ihn ein berufliches Problem und das auch noch nach Dienstschluß!

Ende April hatten sich einige Angehörige Verstorbener an ihn gewandt und sich darüber beklagt, daß den Toten offensichtlich Eheringe und andere Schmuckstücke abgenommen worden seien. Das allein hatte den beleibten Mann nicht aus der Ruhe bringen können. Des öfteren schon hatten sich derlei Verwandte geirrt, waren die vermißten Gegenstände in den Wohnungen der Verstobenen wiedergefunden oder – wegen ihres hohen Wertes – von der Leichenfrau vorsorglich abgenommen und für die Hinterbliebenen aufbewahrt worden. Seit aber eines Tages die »Bierkasse« des Friedhofspersonals aufgebrochen auf dem Tisch im Wartezimmer gestanden hatte, war Wurm klar, daß tatsächlich ein Dieb zu später Stunde durch die Hallen und Räume des Gebäudes schleichen mußte.

Der ehemalige Soldat, den die Erlebnisse des Zweiten Weltkrieges zu seinem Beruf gebracht hatten, nahm an, daß der Langfinger unter den Bediensteten der Gräberanlage zu suchen sein müsse, denn an den Türen fanden sich keine Spuren eines gewaltsamen Aufbrechens. Um nicht unnötigen Wirbel zu verursachen und die ganze Belegschaft in Verruf zu bringen, hatte Wurm den Vorfall bisher geheimgehalten und sich vorgenommen, den Täter selbst zu stellen. Mit ein paar Ohrfeigen und der sofortigen Rückgabe der gestohlenen Schmuckstücke durch den ertappten Schurken wollte er die Sache aus der Welt schaffen.

Plötzlich schrillte das Telefon. Eine Rentnerin, die gegenüber dem Osteingang des Friedhofes wohnte, hatte zwischen den Gräbern eine »dunkle Gestalt« herumhuschen sehen. Die Frau wollte Wurm vor dem Eindringling warnen. Doch der Leichenwärter nahm den Hinweis unerschrocken zur Kenntnis und machte sich mit grimmiger Entschlossenheit allein auf den Weg. Auf Zehenspitzen begab er sich in das Büro im Hochparterre und wartete ab. Die Zeit verging zunächst, ohne daß etwas geschah.

Der ungebetene Besucher war zudem schon in der Leichenhalle. Bereits viermal hatte der Eindringling in der Vergangenheit diesen schmucklosen Saal aufgesucht. Vielelicht trachtete er tatsächlich danach, etwas zu stehlen. Doch trieb den Einbrecher auch noch etwas Anderes an die Särge.

Vielleicht fand sich darin wieder einmal ein hübsches Mädchen, dessen Blut er trinken konnte!

Er mußte sich lediglich vor seinem Bruder Georg in acht nehmen. Denn der hatte vor kurzem gefragt: *»Sag einmal, spinnst du, Kuno? Warum studierst du die Todesanzeigen in den Zeitungen? Warum besuchst du grundlos die Leichenhalle? Willst du dich etwa an den toten Frauen vergnügen?«* Natürlich hatte er ihm nicht geantwortet, doch er war vorsichtiger geworden. Der Intimbereich der Toten interessierte ihn nämlich nur in zweiter Linie. Er fühlte sich befreit und erregt, wenn er Leichenblut sah – so, wie damals bei dem Mädchen am Südfriedhof.

Der Einbrecher stutzte. Zwar konnte er Wurms Schritte nicht hören, denn er war taub, doch in der Leichenhalle brannte ungewohnterweise Licht. Eine innere Stimmme warnte ihn. Irgend etwas war diesmal nicht in Ordnung. Hastig wandte sich der Dieb um und stolperte die Stufen zum Ausgang hinaus. Vorsichtshalber zog er dabei seine Pistole. Sein Bruder hatte ihm – und sich selbst – eine solche Waffe vom Kaliber 7,65 mm (für 500 DM das Stück) über einen Ausländer besorgt. Der Flüchtende liebte Pistolen und Gewehre. Mit Waffen konnte man anderen Menschen seinen Willen aufzwingen. Menschen, die ihn sonst keines Blickes würdigten, weil er so klein war, nicht hören konnte und auch nicht in der Lage war zu sprechen.

Schon stand der verhinderte Dieb an der Türe, da packte ihn plötzlich jemand von hinten am Kragen. Er war entsetzt. War es ein Leichnam oder ein richtiger Mensch? Für einen Augenblick wich aus dem Ertappten alle Kraft, denn die 1,80 m große Gestalt hinter ihm mit ihrem dunklen Kinnbart sah gar nicht furchterregend aus.

Leichenwärter Georg Wurm hatte der Zorn des Gerechten gepackt. Wütend zerrte er seine Beute drei Meter weit ins diffuse Licht am Aufzug: Ein fremder Mann von kleiner Statur, Mitte 30, mit einer Brille auf der knolligen Nase, kurz: ein mickriges Kerlchen, das da zwischen seinen Fäusten zappelte. Schon hob Wurm die Hand und wollte dem Langfinger ein paar runterhauen.

Wurm erklärte später: *»Da tut es plötzlich einen Knall. Ich zucke zusammen und lasse den Burschen los, geh in die Knie, wie ein geschlagener Boxer. Ich hab noch bemerkt, wie der Kerl dreckig gegrinst hat, dann ist er davongewetzt.«* Wurm griff sich an den linken Oberbauch. Warm und klebrig begann sich dort eine Blutlache auf dem Hemd abzuzeichnen. Die Wunde schmerzte nicht. So konnte der Angeschossene auf allen Vieren zurück zum Telefon ins Büro kriechen.

Mit zitternder Hand wählte Wurm die 110. Der Beamte am anderen Ende der Leitung schaltete schnell. Streifenwagen und ein Sanka rasten schon Sekunden später los in Richtung Tatort. Zu diesem Zeitpunkt kroch Wurm zur Toilette, um seine Notdurf zu verrichten. Das war ein lebensgefährliches Unternehmen, denn die Kugel hatte – wie sich später herausstellte – Dünn- und Dickdarm sowie die Blase verletzt. Wurm mußte für zwei Wochen das Bett hüten, dann wurde er wieder nach Hause entlassen. Vier Jahre später war er dennoch tot, denn er war einem Herzinfarkt erlegen. Hatten aber nicht doch die Nachwirkungen der Schußverletzungen eine Rolle gespielt?

Während sein schwerverletztes Opfer mit fast übermenschlicher Kraft noch die Polizei alarmiert hatte, radelte der rücksichtslose Schütze über Grabwege davon in Richtung Südumzäunung. Hastig warf er das Fahrrad, das er aus einem Arbeiterraum am Osteingang entwendet hatte, zu Boden, kletterte über die Holzpfähle und schwang sich auf sein rotes Mofa, das er dort im Gebüsch verborgen hatte.

Während auf der gegenüberliegenden Seite mit Blaulicht die Funkstreifen vorbeirasten, fuhr der verhinderte Mörder seelenruhig nach Hause.

Kripo und Erkennungsdienst begaben sich mittlerweile an den Tatort, um erste Untersuchungen vorzunehmen. Am Morgen ging man daran, den Computer anzuzapfen: Alle bereits polizeilich bekannten Totengräber, Sittlichkeitsverbrecher, Leichenschänder und Friedhofseindringlinge mußten überprüft werden. Wenige Stunden später wurden 50 Kriminalbeamte auch aus anderen Ressorts abgestellt, um mit den Alibi-Überprüfungen zu beginnen. Viele der Betroffenen schliefen an diesem Samstagmorgen noch, machten einen Ausflug, kauften ein oder waren aus sonstigen Gründen nicht zu Hause anzutreffen. Man wartete, suchte andere Adressen auf. Der Tag verrann wie im Flug, doch man kam nicht richtig voran.

Ob der unbekannte Schütze noch einmal zuschlagen würde? Wie berechtigt eine solche Frage war, zeigte sich zur selben Stunde an einem Waldrand, etwa 1,3 km von der Ortschaft Lindelburg im Landkreis Lauf/Pegnitz, östlich von Nürnberg. Dort parkte ein hellgrauer Mercedes. In ihm schlief – nach einem Picknick – das Liebespaar Markus Adler (24) und Ruth Lissy (19). Der junge Mann leitete mit seiner Mutter eine Spedition in Oberhausen, die junge Frau war Verkäuferin in Nürnberg. 1969 hatte sich das Paar während eines Jugoslawienurlaubs kennen- und liebengelernt. Seitdem waren beide unzertrennlich. Sooft Markus Zeit fand, fuhr er mit seinem flotten Wagen nach Nürnberg zu seiner hübschen Verlobten.

Auch am 6. Mai war er wieder morgens vor Lissys elterlicher Wohnung in der Peterstraße vorgefahren. Zwei Stunden hatten die beiden bei Ruths Mutter verbracht, dann war man mit dem Mercedes zu einem unbeschwerten Samstagsausflug losgebraust. Wo sich die jungen Leute bis gegen 18 Uhr überall aufgehalten hatten, ließ sich nie mehr klären. Erst die Zeit danach und das sich allmählich anbahnende Drama konnten später von der Landeskriminalpolizeiinspektion Schwabach rekonstruiert werden.

Um die Zeit der Abenddämmerung näherte sich der nächtliche Schütze vom Westfriedhof dem geparkten Mercedes. Seit neun Uhr morgens war er mit seinem Mofa unterwegs gewesen. Er hatte, wie schon so oft, die Wälder im Nürnberger Osten durchstreift und dort Schießübungen veranstaltet. Zwar hörte er das Krachen der Waffe nicht, wenn aber die Projektile runde Löcher in Verkehrszeichen stanzten oder Holzstücke aus Bäumen fetzten, machte ihm das großen Spaß. Ebenso das Schießen in einen Sprung Rehe, auf den er zufällig traf.

Hin und wieder war der kleine Mann mit dem schwarzen Pullover und der braunen Hose auch in Gaststätten eingekehrt, hatte ein Bier getrunken und deftig Fränkisches gegessen. Doch sein Ausflug hatte noch andere Gründe, als nur Schießübungen zu veranstalten. Er wollte Blut sehen, Blut, das schön und stark machen sollte, ihm vielleicht half, hören und sprechen zu können. Vor allem aber sollte es ihm zur Macht über Frauen verhelfen. Nur im Bordell, in Pornoheften und Filmen hatte er bisher das kennengelernt, was seine Bekannten unter »Liebe machen« verstanden. Die Dirnen hatten ihm gegenüber nie Zuneigung gezeigt, sondern immer nur rasch »das Geschäft« erledigt. In ihren Mienen hatte der Ausgestoßene immer nur Ekel gelesen.

Aber er wollte auch geliebt werden, zärtlich und auf Dauer, endlich vergessen, daß er für das andere Geschlecht bisher nur ein Mensch zweiter Klasse gewesen war. Schon als Kind hatte ihn sein trunksüchtiger und geisteskranker Vater immer nur windelweich geprügelt. Seine Mutter behauptete sogar, aufgrund dieser Schläge seien er und Georg taubstumm geworden (ein Arzt hatte dagegen in den 30er Jahren die Krankheit als Folge einer Mittelohrentzündung der beiden Buben diagnostiziert).

Bis auf fünf Meter schlich sich Hofmann an den abgestellten Wagen heran. Jetzt sah er die beiden jungen Leute darin liegen. Sie schliefen, Adler auf dem Vordersitz, seine Geliebte im Fond. Der heimliche Beobachter der Szene war vorsichtig. Er drehte am Gasgriff des Mofas, das er abgestellt hatte. Der Motor heulte auf, doch die beiden im Auto reagierten nicht. Rasch ging er auf das Fahrzeug zu und öffnete die linke Vordertüre. Adler erwachte, sah den Fremden überrascht an. Da krachte auch schon der erste Schuß. Das Projektil drang in den Kopf des Spediteurs oberhalb des rechten Auges. Er war sofort tot.

Entsetzt fuhr das schwarzhaarige Mädchen hoch, blickte für einen Lidschlag in die Augen ihres Mörders. Dieser feuerte einen weiteren Schuß ab. Das Geschoß durchbohrte ihre linke Brust. Auch sie starb in wenigen Sekunden. Der unbekannte Unhold wollte sichergehen, beugte sich in den Wagen und jagte beiden Toten nochmals eine Kugel in den Kopf. Dann brach sein unseliger Trieb durch, der ihm in Illustrierten und der Presse bald den Beinamen »Vampir« einbringen sollte.

Er kletterte in das Auto und saugte zunächst aus den Wunden des Mannes das sickernde Blut, anschließend wechselte er auf den Rücksitz über. Dort zerriß er den Pullover seines weiblichen Opfers, schob den Büstenhalter nach oben und leckte auch aus dieser Wunde das Blut. Gut zehn Minuten währte die teuflische Orgie, dann fühlte er sich erleichtert und stark. So, wie es ihm die Okkultistengruppe in Hamburg und der Autor des Buches »Die schwarze Magie«, das er 1966 bei einem Altwarenhändler aufgestöbert hatte, versichert hatten. So, wie er sich schon früher gefühlt hatte, als er an natürlich Verstorbenen die Blutmahlzeit der Satansdiener zelebriert hatte. Ganz Deutschland hatte er dabei durchstreift.

Einmal, so erzählte er später der Kripo, habe er in Treuchtlingen in einer Aussegnungshalle das Herz eines Mannes herausgeschnitten und eingehend betrachtet, ein anderes Mal in Pleinfeld die Bauchhöhle einer Frau geöffnet und sich die Gedärme besehen. Noch während der Mörder, sexuell hochgradig erregt, sich am Tatort aufhielt, bemerkte er, daß er aus einiger Entfernung beobachtet wurde. Hastig zerrte er dem toten Mädchen den Verlobungsring vom Finger, durchwühlte ihre Handtasche und nahm aus dem Handschuhfach des Pkw die Geldbörse von Markus Adler an sich. Dann floh er.

Der Zeuge, ein Jäger, rannte zum Wagen und blickte hinein. Doch er erkannte sofort, daß hier jede Hilfe zu spät kam. Deshalb feuerte er seine Flinte ab, in der Hoffnung, daß Spaziergänger oder Bauern herbeeilen würden und am Tatort blieben, während er die Polizei informieren wollte. Doch es zeigte sich keine Reaktion. Der Waidmann mußte selbst die 1,5 km bis zur nächsten Telefonzelle zurücklegen.

Inzwischen brauste der Mörder am alten Kanal entlang in Richtung Nürnberg. Am Sportplatz der »Sparta Noris« stoppte er kurz, durchwühlte die Börse und nahm alle Banknoten sowie die Münzen, insgesamt 168 DM, heraus. Dann warf er das Beutestück und die darin steckenden Papiere achtlos ins Gras. Zu Hause angekommen, suchte der Taubstumme nach einem Versteck für die Waffe, denn er war schlau und wußte, daß die Kripo vermutlich bei ihm vorsprechen würde. Es gab nicht allzu viele Besitzer von roten Mofas. Der Leichenwärter und der Jäger hatten außerdem sein Gesicht gesehen. Schließlich schraubte er die Pistole in einer Nische der Waschmaschine ein. Dann nahm er vom Mofa die Tankattrappe ab, die er immer aufsetzte, wenn er etwas Ungesetzliches unternehmen wollte und damit rechnen mußte, beobachtet zu werden.

Mittlerweile lief die Fahndung nach dem Doppelmörder auf Hochtouren. Ziemlich rasch stellte man fest, daß die Waffe vom Westfriedhof mit der von Lindelburg identisch war. Der Chef der Mordkommission rief erregt: *»Unser Mann muß ein Verrückter sein, Männer! Innerhalb von 21 Stunden schießt er drei Leute zusammen. Wir müssen schnell handeln, sonst gibt es noch mehr Tote!«*

In Zusammenarbeit mit der Kripo Schwabach wurde die »Soko Lissy« gebildet, die zunächst einen Fahndungsaufruf an die Bevölkerung erließ: *»Kleiner Mann mit Brille gesucht, fährt rotes Mofa. Belohnung: 6000 DM!«* Überraschend schnell meldete sich das Polizeirevier Süd. Ein *»gewisser Kurz«*, so erzählte der Wachleiter, habe vor wenigen Minuten mitgeteilt, sein Kollege Kuno Hofmann, auf den die Beschreibung in der Zeitung genau passen würde, habe überraschend in aller Frühe gekündigt. Eben dieser Hofmann würde ein rotes Mofa fahren und habe gegenüber Kurz erklärt, er wolle *»rauf in Richtung Hamburg«*.

Binnen weniger Minuten rasten vier Streifenwagen zu der betreffenden Firma. Sechs Uniformierte sperrten das Gelände ab, zwei eilten in den Innenhof. Hofmann hatte zwar das Firmengelände verlassen und sich beim Herannahen der Polizei hinter einem Lastwagen versteckt, doch die Polizisten stöberten ihn schnell auf. Er wollte davonlaufen, daber schon schlossen sich die Handschellen um seine Gelenke.

In der Firma war man entsetzt. *»Der nette taubstumme Kuno, der für einen knappen Tausender im Monat Kisten schleppte, soll ein Schwerverbrecher sein?«*, hieß es. *»Das* *gibt's doch nicht, das muß ein Irrtum sein!«* Man stellte ihm das beste Zeugnis aus. Während Hofmanns Arbeitskollegen noch über die Polizeiaktion rätselten, sah Emmeram Daucher, der Chef der Mordkommission, der Begegnung mit dem Unbekannten entgegen. Er machte sich Sorgen, und nicht zu Unrecht.

Bei dem Verdächtigen handelte es sich um einen Taubstummen, um einen »Gehörlosen«, wie man neuerdings sagt. Damit ließ sich Dauchers beste Waffe beim Verhör – das persönliche Gespräch – nicht anwenden. Immer mußte zuerst ein Dolmetscher langwierig Fragen, Vorschläge und anderes mit Mimik und Handbewegungen in die geräuschlose Welt des mutmaßlichen Doppelmörders übertragen. So ließ sich bestimmt kein Vertrauen schaffen! Und ohne Vertrauen würde ein Geständnis immer Glückssache sein. Daucher wartete mit der ersten Vernehmung bis 18 Uhr. Bis dahin wurden Beweise gesammelt. Zu diesem Zweck war ein Trupp von Soko-Spezialisten ausgerückt, um in Hofmanns Wohnung Haussuchung zu halten. Man fand dort auch das rote Mofa und den Verlobungsring der Ruth Lissy. Aber würde es auch gelingen, die Tatwaffe aufzustöbern?

Dann wurde der mutmaßliche Todesschütze in Dauchers Zimmer geführt. Der Chef versuchte es zunächst mit der »Brechstange«. Er startete sofort ein richtiges Verhör mit Frage und Antwort. Beides wurde protokolliert. Der kleine Mann in dem grauen Anzug gab sich verdattert, begann offensichtlich zu lügen. 50 endlose Minuten währte diese Vernehmung, während der sich Hofmann immer mehr in Lügen verstrickte, phasenweise völlig konfus antwortete.

Wieder schrillte das Telefon. Die Fahnder hatten einen Schlüsselbund aus dem Krematorium im Westfriedhof entdeckt. Zudem hatten sich auch einige Gegenstände gefunden, die, nach Aussagen des völlig überraschten Bruders Georg, aus gemeinsamen Einbrüchen stammten. Die Pistole, Kaliber 7,65 mm, fehlte jedoch noch immer. Der Chef der Mordkommission legte enttäuscht auf; es hieß, weiter abwarten und fragen.

Ein heller Kopf nahm sich gegen 19 Uhr auch noch die Waschmaschine in dem Einfamilienhaus in Maiach vor. Stück für Stück schraubte er das Gerät auseinander. Dann hielt der Beamte mit einem Male eine »Ceska Vzor« vom gesuchten Kaliber in den Händen. Daucher mußte sofort davon erfahren.

Der Soko-Chef hatte zu diesem Zeitpunkt die offizielle Befragung bereits abgebrochen, sagte nun aber Hofmann die Neuigkeit direkt ins Gesicht. Der Schock saß. In der Miene des Hilfsarbeiters zuckte es, seine Lippen begannen zu zittern. Dann begann Hofmann zögernd mit den Händen zu sprechen. Zwanzig Minuten später lag Daucher das ersehnte Geständnis vor. Das heißt, Hofmann hatte den Doppelmord und den Mordversuch zugegeben.

Auf die Beamten der »Soko Lissy« wartete in den nächsten Tagen und Wochen viel Arbeit. Hofmann mußte nicht nur zu einer Reihe ungeklärter Verbrechen befragt werden, die seine Handschrift zu tragen schienen. Es galt auch für die Sachverständigen und das Gericht, aus einem Berg von Akten Kuno Hofmanns Lebenslauf zu rekonstruieren.

Dieser Lebenslauf war erschütternd, erweckte sogar bei Daucher Mitleid. Der Vater des Doppelmörders, ein Trunkenbold und Rohling, hatte schon als Jugendlicher an einem hinterhältigen Giftmord mitgewirkt. Kuno und Georg, die Söhne aus der Ehe mit einem rechtschaffenen Arbeitermädchen, sah der Gewohnheitsverbrecher nur jedesmal kurz zwischen langen Aufenthalten in Gefängnissen und Konzentrationslagern. In dieser Zeit mißhandelte er die beiden Jungen, aber auch deren Mutter, brutal und in steter Regelmäßigkeit. Zudem verging er sich an einem kleinen Mädchen. Nach diesem Vorfall hatte seine Frau genug. Sie zeigte ihn an und ließ sich 1940 scheiden.

Nach acht Klassen Gehörlosenschule ging Hofmann in eine Schuhmacherlehre, die er aber in einem Anfall von Jähzorn bald wieder abbrach. Auf einem landwirtschaftlichen Gut der Stadt Nürnberg, wo er sich daraufhin verdingte, galt er als fleißiger Arbeiter. Er wurde jedoch entlassen, als er mehr Lohn verlangte. Seine aktenkundige kriminelle Laufbahn begann mit einem Fahrraddiebstahl 1949. Seit den 50er Jahren schlug er sich – sofern er sich in Freiheit befand – mit Gelegenheitsjobs durch. Ab 1956 versuchten die Gerichte, Kuno durch Unterbringung in Heil- und Pflegeanstalten zu »kurieren«. Wie bei seinen Lehrern und Ausbildern konnten sich auch die dortigen Ärzte kein endgültiges Bild über das Wesen des verschlossenen Menschen zeichnen. Manchmal gab er sich willig und umgänglich, ein anderes Mal wieder reagierte er verschlagen und renitent. Als Hofmann die laschen Sicherheitsmaßnahmen in den Heimen erkannte, nutzte er vor Gericht immer öfter sein Gebrechen aus.

Bis zu seiner Verhaftung im Jahre 1972 hatte Kuno Hofmann insgesamt neun Jahre in Zuchthäusern und weitere neun Jahre in Heil- und Pflegeanstalten verbracht. Aus letzteren nahm er insgesamt zwölfmal Reißaus. Nachdem er in einer Anstalt den Schlüsselbund eines Pflegers gestohlen hatte, verschaffte er sich auf einer hausinternen Diebestour auch Zutritt zu einem Kühlraum, in dem die Leichen frisch Verstorbener aufgebahrt lagen. Hier begann er mit den grausigen »Studien« und Riten, von denen er in dem Buch »Die Schwarze Magie« gelesen hatte und die ihm so imponiert hatten. Manipulationen an Toten und eine Vielzahl weiterer Straftaten – von Brandstiftung bis hin zu Einbrüchen – gestand Hofmann aber erst Wochen nach seiner Festnahme.

Zunächst erwies sich der Vampir von Nürnberg bei den Befragungen verstockt, log dreist und gab nur zu, was man ihm beweisen konnte. Dann verlegte sich der Doppelmörder auf eine andere Taktik. Einmal zerschlug er in seiner Zelle das Mobiliar, dann bezeichnete er sich in Briefen an die Mordkommission als zwölffachen Frauenmörder von Augsburg und den Mann, dessentwegen Vera Brühne unschuldig im Gefängnis säße. Später wollte er auf einmal der Neffe der britischen Königin sein, verlangte Blut von jungen Frauen, drohte einem Juristen, er werde ihm den Kopf abschneiden und ihn in einen Hundenapf werfen.

Hofmann schrieb auch an den Papst, verlangte seine Tatwaffe zurück, mit deren Hilfe er die Toten wieder lebendig machen wollte. Schließlich äußerte er einen ungewöhnlichen Wunsch: *»Bitte, gebt mir genug Schlaftabletten, damit ich langsam zu Mutti hinüberdämmern kann ...«*

So platzte der erste Prozeß bereits nach drei Tagen. Die psychiatrischen Sachverständigen stritten sich über die Frage der Verhandlungsfähigkeit. Der Richter setzte die Verhandlung deshalb zunächst für zwei Jahre aus. In dieser Zeit wurde Hofmann in einer Hamburger Spezialklinik und in der Psychiatrie der Justizvollzugsanstalt Straubing behutsam von seiner Haft- und Verhandlungspsychose befreit. Als er am 19. Juli 1976 erneut den Gerichtssaal betrat, gab er sich wieder »normal«.

Die Schüsse vom Westfriedhof und im Wald bei Lindelburg deklarierte er nun als reine Notwehrakte. So hätte ihn zum Beispiel Markus Adler angeblich bei Schießübungen überrascht und ihm die Waffe aus der Hand geschlagen. Wieder gerieten sich die Sachverständigen in die Haare. War dieser Rechtsbrecher noch in der Kategorie des »geistig

Gesunden« anzusiedeln? Unter Vorsitz des Richters Egon Schiller fällte schließlich das Schwurgericht nach acht Tagen nervenaufreibender Verhandlung die Entscheidung. Es schickte Hofmann ins Gefängnis. Er bekam zweimal lebenslang für den Mord an dem Brautpaar, zusätzlich zehn Jahre für die Schüsse am Westfriedhof. In beiden Fällen war die Aussage des Angeklagten mit entscheidend, er habe in Notwehr gehandelt. Kein völlig Unzurechnungsfähiger hätte sich bei der Begehungsweise dieser Taten auf Notwehr hinausgeredet.

Im Jahr 2004 hatte er seine Strafe abgebüßt und wurde aus der Haft entlassen. Gerüchten zufolge soll der »Vampir von Nürnberg« heute anonym in dieser Stadt leben und um 2008 herum – als 75jähriger alter Mann – damit begonnen haben, seine grausigen Memoiren zu schreiben ...

DER WÜRGER VON BRAUNSCHWEIG

DER FALL FERENC SOS
1977

»Jetzt werde ich einen Bankdirektor erpressen.«

Am Donnerstag, dem 20. Januar 1977, entdeckte die Kriminalpolizei Braunschweig eines der brutalsten Verbrechen der deutschen Nachkriegszeit. In einem Einfamilienhaus im Villenviertel von Braunschweig-Mascherode waren fünf Menschen bestialisch ermordet worden: der Volksbankdirektor Wolfgang Kraemer (46), seine Frau Brigitte (40) und drei seiner Kinder. Den Beamten bot sich ein grausiges Bild: Der Hausherr, seine Frau und die Kinder Martin (6), Nele (11) und Stefan (16) lagen erdrosselt am Boden. Als Mordwaffen hatten eine Paketschnur und ein Schal herhalten müssen.

Erst nach langwierigen Ermittlungen konnte das Verbrechen einigermaßen rekonstruiert werden. Demnach hatte in der Nacht zum Donnerstag bei Kurt Rosenau, dem Prokuristen der Volksbank Braunschweig, das Telefon geklingelt.

Es war genau 21 Uhr. Mit entsetzter Stimme meldete sich am anderen Ende der Leitung Direktor Kraemer: *»Wir sind überfallen worden! Die Männer fordern eine Million Mark. Bringen Sie mir das Geld sofort in mein Haus. Aber bitte, alarmieren Sie nicht die Polizei, sonst wird meine ganze Familie umgebracht!«*

Rosenau rief sofort die Vorstandsmitglieder der Bank sowie seinen Kollegen an, der den zweiten Schlüssel zum Tresor verwahrte. Gemeinsam fuhren sie dann zum Kassengebäude, das gegenüber vom Braunschweiger Hauptbahnhof liegt. Sie suchten alles Geld zusammen, doch es waren nur 165 000 Mark.

Mit dem gefüllten Geldkoffer rasten zwei Angestellte sofort in den Villenvorort Mascherode. Ihr Chef wartete bereits aufgeregt hinter der Tür. Kaum stand der Koffer auf der Treppe, da hatte Kraemer ihn auch schon hineingezogen. Die Bankleute fuhren zurück. Bei der Volksbank hatte man sich inzwischen entschlossen, tatsächlich keine Polizei einzuschalten. Erst elf Stunden nach dem Hilfeanruf alarmierte der Vorstand der Volksbank die Kriminalpolizei – doch da war es bereits zu spät. Denn als die Kripo das Einfamilienhaus im Nobelviertel Braunschweigs stürmte, lag der Hausherr tot in der Kellerbar.

Seine Frau war mit einem Strick im Wohnzimmer erdrosselt worden. Die Leichen der Kinder fanden die Beamten in den verschiedenen Schlafzimmern. Neben den Ermordeten lag ein Brief. Er trug die Aufschrift *»Für die Befreiung Baaders. Das war nur der erste Streich«* und lautete in holprigem Deutsch: *»Mit dieser Aktion wird auch die sofortige Freilassung sämtlicher Baader-Meinhof-Mitglieder verlangt. Da es sich um die Überwindung verwaltungstechnischer und politischer Schwierigkeiten handeln wird, darf eine Frist von acht Tagen verwendet werden. Als erster wird Andreas Baader verlangt und sein Entlassungstermin durch die Presse veröffentlicht werden. Sollte dieser ersten Forderung nicht nachgegeben werden, werden Sie eine völlig neue Befreiungsaktion kennenlernen, und zwar mit den brutalsten und bisher noch völlig unbekannten Mitteln.«* Die Kripo betrachtete den Brief jedoch als »Ablenkungsmanöver« vom wahren Motiv der Mörder.

Der Wagen von Brigitte Kraemer, ein roter VW Käfer mit dem Kennzeichen »BS-L-617«, war aus der Doppelgarage verschwunden. Der Ford Granada des Mannes stand dagegen noch da. Anderntags wurde das gestohlene Fahrzeug auf dem Gelände des Braunschweiger Hauptbahnhofs gegenüber der Volksbank aufgefunden.

Was hatte sich da für ein Drama abgespielt? Das Mordhaus war ein Einfamilienhaus schlichten Schnittes auf einem 684 m² großen Grundstück. Es lag an der Kohliwiese, einer 210 m langen Sackgasse, der letzten Straße vor freiem Feld am südwestlichen Ortsrand von Braunschweig-Mascherode, und stand etwa in der Mitte der an beiden Seiten mit Einfamilienhäusern bebauten Straße. Dieses Haus und die Lebensgewohnheiten seiner Bewohner konnte man nicht auskundschaften, ohne aufzufallen. Doch es war niemand aufgefallen.

In der Straße, in der Ungewöhnliches sofort auffallen würde, in der man aber das Gewohnte kaum noch bemerkte, erinnerte man sich später daran, daß Martin am 19. Januar 1977 zuletzt gegen 14.30 Uhr gesehen worden war. Da hatte

Am Morgen des 20. Januar 1977 tragen Bestatter die fünf Leichen der Bankiersfamilie Kraemer in Zinksärgen aus dem Haus.

er mit seiner Schwester Nele gespielt. Stefan war zuletzt um 16.15 Uhr und kurz vor 17 Uhr gesehen worden. Er fuhr auf seinem Moped. Um 17 Uhr hatte er eine Verabredung mit einem Freund, die er nicht einhielt. Der Freund ging daraufhin zum Haus der Kraemers. Brigitte Kraemer, die Hausfrau, öffnete die Tür, Stefan sei nicht zu Hause. Doch als sie das um etwa 17.10 Uhr sagte, war in der offenen Garage Stefans Moped zu sehen.

Nach diesem Gespräch an der Haustür wurde Brigitte Kraemer nicht mehr gesehen. Vor dem Gespräch war gegen 16 Uhr bemerkt worden, daß sie in ihrem roten VW Käfer nach Hause gefahren war. Befanden sich Brigitte Kraemer, Martin und Stefan um diese Zeit bereits in der Hand eines Eindringlings, als Brigitte Kraemer sagte, Stefan sei nicht zu Hause – obwohl das Moped in der Garage doch für seine Anwesenheit sprach?

Es war nicht undenkbar, daß ein Mensch allein die Tat begangen hatte. Er konnte sich – als nur Martin anwesend war – leicht Zugang verschafft haben. Und als dann Brigitte

Kraemer kam, und nach ihr Stefan, war der Eindringling bereits Herr der Szene. Auf diese Weise konnte sich sogar ein Täter allein der ganzen Familie bemächtigt haben.

Die Kripo fahndete fieberhaft nach dem oder den Tätern. Sogar die Interpol wurde eingeschaltet, weil der Verdacht bestand, daß Spuren ins Ausland führten. Die Kraemers hatten keine Feinde gehabt, waren allgemein recht beliebt gewesen. Wo sollte man bei den Ermittlungen ansetzen? Eine Woche nach dem Verbrechen konnte die 70köpfige Sonderkommission den damals 43jährigen Exilungarn Ferenc Sos als mutmaßlichen Mörder – zusammen mit einem gewissen Klaus-Heinz Petereit – festnehmen.

Für die Täterschaft des Ungarn sprachen mehrere Indizien. So hatten die Beamten in der Wohnung des Maschinenschlossers zwei Rollen Bindfäden gefunden, außerdem Schnüre, wie sie bei dem Mord in Braunschweig benutzt worden waren. Dann hatte die Kripo in dem Mordhaus Zigarettenkippen der Marke Reval sichergestellt, die Sos rauchte.

Die Untersuchung der Speichelreste an den Kippen ergab zweifelsfrei, daß es sich um die Blutgruppe A-1 handelte, um die gleiche Blutgruppe, die Sos hatte. Außerdem sollte der Ungar, der in der Unterwelt schon lange »Schlinge« genannt wurde, weil er bereits früher einmal einen Freund mit einem Bindfaden erdrosseln wollte, verschiedenen Personen von seinen Plänen erzählt haben. Unbeirrt habe er gegenüber einem Mithäftling und einer Hamburger Prostituierten gesagt: *»Ich brachte es mit Einbrüchen zu nichts. Jetzt werde ich einen Bankdirektor erpressen.«* Der Mithäftling aus der Hamburger Strafanstalt Fuhlsbüttel war es dann auch, der der Kripo den entscheidenden Tip zur Festnahme des Ungarn gegeben hatte.

Interessant war zudem das folgende Detail. Die Opfer im Mordhaus waren mit einer Paketschnur erdrosselt worden, deren Knäuel der Täter im Kaufhof gekauft haben mußte. In der Packung befanden sich drei farbige Aufkleber. Einer von ihnen konnte am Tatort sichergestellt werden. Schließlich entdeckten die Beamten aber auch noch Geldscheine bei Sos, die aus dem Lösegeld stammten, das der oder die Mörder in Braunschweig erpreßt hatten.

Das reichte für eine Anklage. Doch trotz der nahezu erdrückenden Indizien leugnete der seit zehn Jahren in der Bundesrepublik lebende Ungar hartnäckig, an dem Massaker beteiligt gewesen zu sein. Ein kleiner Schlüssel, den Sos bei seiner Verhaftung in der linken Jackentasche bei sich getragen hatte, wurde ihm schließlich zum Verhängnis. Der Schlüssel paßte nämlich genau zu der orangefarbenen Geldkassette, die die Polizei am 15. Februar 1977, also nahezu einen Monat nach der grausamen Tat, in der Nähe eines Autobahnzubringers bei Hamburg ausgraben konnte. Darin befand sich nahezu die gesamte Beute: 140 000 DM aus dem Lösegeld. Diesen Hinweis hatte die Kripo dem Exfreund des Ungarn, dem Elektriker Klaus-Heinz Petereit (37), zu verdanken. Der hatte den Beamten der Sonderkommission den Ort beschrieben, an dem Sos die Kassette mit dem Geld versteckt hatte. Sie lag 30 cm tief vergraben in einem unwegsamen Gelände neben der Bundesstraße 5 in Hamburg-Horn.

Petereit, der zusammen mit Sos in einer Wohnung in St. Pauli lebte, konnte für die Tatzeit ein Alibi nachweisen. Aber er wußte wohl von Anfang an, wer den Braunschweiger Bankdirektor und dessen Familie umgebracht hatte. Sein Schweigen erkaufte er sich von dem »*Würger von Braunschweig*« mit 16500 DM, also exakt 10 Prozent der Lösegeldsumme. Doch schon kurz nach seiner Festnahme machte Petereit reinen Tisch. Die Kripo konnte auch in Erfahrung bringen, woher die Geldkassette stammte. Sos war noch in der Mordnacht mit dem Zug von Braunschweig nach Hamburg gefahren und hatte sie in der Frühe in einem Kaufhaus gekauft. Drei Tage später war der Ungar dann verhaftet worden.

Im Februar 1978 begann der aufsehenerregende Prozeß gegen Ferenc Sos, der noch immer strikt behauptete, mit den Morden nicht das geringste zu tun zu haben. Die Verteidiger, die Rechtsanwälte Leonore Gottschalk-Solger und Peter Gottschalk, setzten sich dabei – bis ins Plädoyer hinein – vor allem mit dem Kronzeugen Petereit auseinander, in dem sie *»einen Nutznießer der nach ihrer Ansicht zu früh auf Ferenc Sos konzentrierten Ermittlungen«* sahen und den sie als Belastungszeugen rundweg ablehnten. Sie konnten letztlich jedoch nicht überzeugen; Staatsanwalt Reinhardt reagierte recht erbittert auf diese Versuche und unterstellte den beiden Verteidigern sogar »Prozeßsabotage«.

Das Gericht – unter Vorsitz von Richter Flotho – schloß sich den Ausführungen der Anklage an. Es erklärte, sich der Problematik des Indizienprozesses voll bewußt gewesen zu sein. Da es aber *»keinen vernünftigen Zweifel an der Schuld des Angeklagten«* hegte, wurde der Exilungar schließlich im Mai 1978 zu einer lebenslänglichen Freiheitsstrafe verurteilt. Zu einer Entlassung sollte es jedoch nicht mehr kommen. Sos verstarb im August 2011 im Alter von 77 Jahren in der Justizvollzugsanstalt Celle.

Quellen und Literatur

Auswahlbibliographie

DER FRAUENMÖRDER VON OSNABRÜCK
Hans Rußler: *Sittlichkeitsverbrecher Dittrich.* In: *Kriminalistik.* Hamburg, 1950 (174–180) sowie Osnabrücker Tageszeitungen *Osnabrücker Rundschau* und *Neues Tageblatt.*

DER TOTMACHER VOM NIEMANDSLAND
Max Pierre Schaeffer: *Pleil.* In: *Der Triebtäter. Lustmörder vor Gericht. Von Haarmann bis Bartsch.* München, 1970.

DER MÖRDER VOM HABICHTSWALD
Fritz Niemeyer: *Der Mörder vom Habichtswald.* In: *Kriminalistik,* Hamburg 1950 (28–33) sowie Kasseler Tageszeitungen, v. a. *Hessische Nachrichten* vom 10.8.1948 und 12.8.1948.

DER KILLER VOM SCHWARZEN MARKT
Herbert Kosyra: *Ein fünffacher Raubmörder.* In: *Kriminalistik.* Hamburg 1963 (434–438); Herbert Kosyra: *Dämone der Selbstsucht.* Hamburg, o. J.

DIE HAMBURGER TAXIMORDE
Herbert Kosyra: *Die Hamburger Taxifahrermorde.* In: *Kriminalistik.* Hamburg, 1953 (129–134); Berichte in Hamburger Tageszeitungen, Jg. 1949.

DER WÜRGER MIT DEM FAHRRAD
Petr Lösch/Sepp Beranek: *Der Würger Prigan.* In: *Kriminalistik.* Hamburg, 1955 (201–205, 242–246, 294–297); *Kölnische Rundschau* vom 20.12.1953; *Badische Nachrichten* vom 19.12.1953 und 21.12.1953; *Badische Zeitung* vom 19., 20. und 22.12.1953 sowie *Endstation Autobahn.* In: *Neue Illustrierte,* Nr. 13-38/1953.

DER KINDESMÖRDER VON LANDSHUT
Landshuter Zeitung vom März 1952, vom Mai bis Juni 1953 sowie vom Januar 1954; *Bayrische Gerichtszeitung* vom 6.12.1953 (5, 8) und Falldarstellung in: Steffen Berg: *Das Sexualverbrechen.* Hamburg, 1969; Franz Meixner: *Ein jugendlicher Doppelmörder.* In: *Die Neue Polizei,* 1958 (128).

DER TEUFEL VOM PERLACHER FORST
Laufende Berichterstattung in *AZ München, Süddeutsche Zeitung* sowie div. Illustrierten; Hans Herrmann: *Die Beweggründe des Mörders Höẞl.* In: *Kriminalistik.* Hamburg, 1963 (174–178); Veröffentlichungen von Prozeßberichten im Wochenmagazin *DER SPIEGEL* (Nr. 42/1982, 31/1983, 52/1984).

DER NÄCHTLICHE SPAZIERGÄNGER
Herbert Ebner: *Die nächtlichen Spaziergänge des Bruno Conrad.* In: *Der Mittagsmörder.* In: *Mord-Berufserlebnisse aus 30 Jahren von Emmeram Daucher.* Heroldsberg, 1982 (105–117) sowie Nürnberger Tageszeitungen.

DER MITTAGSMÖRDER
Herbert Ebner, a. a. O. (173–193) sowie div. Nürnberger Tageszeitungen.

DER VAMPIR VON NÜRNBERG
Herbert Ebner, a. a. O. (135–154) sowie div. Nürnberger Tageszeitungen, deutsche Illustrierte, *Abendzeitung München* vom 7.4.2008.

DER WÜRGER VON BRAUNSCHWEIG
Div. deutsche Tageszeitungen, insbesondere *tz München* vom 21.–23.1.1977, 28.1.1977 und ab 2.2.1978, sowie Gerichtsberichte im Magazin *DER SPIEGEL*, Nr. 8/1978 (88–93) und 21/1978 (93-97), Nr. 13/1979.

ABBILDUNGEN

Sammlung Gerd Frank, Altötting: S. 11, 49, 78, 91, 94, 97, 103, 116, 128, 188
Sammlung Verlag Kirchschlager, Arnstadt: S. 25, 81, 84, 87, 90, 114, 131
JVA Celle: S. 27, 30, 45, 46, 47
Alle anderen Abbildungen entstammen copyrightfreien Datensätzen aus dem Internet. Für die freundliche Bereitstellung der Abbildungen danken wir der JVA Celle.

HISTORISCHE SERIENMÖRDER

Menschliche Ungeheuer vom späten Mittelalter bis zum Ende des 19. Jahrhunderts

KIRCHSCHLAGER

IMPRESSUM

2. Auflage Arnstadt 2017

Satz: Nicole Laka, Hamburg
Lektorat: Janine Kaitzl, München
Druck und Bindung: PBtisk s. r. o., Příbram

ISBN 978-3-934277-46-5